W0072545

Richard Rohr

Das entfesselte Buch

Richard Rohr

Das entfesselte Buch

Die Lebenskraft des Alten Testaments

Bearbeitet und herausgegeben
von
Joseph Martos

Herder

Freiburg · Basel · Wien

Titel der Originalausgabe:
The Great Themes of Scripture
Old Testament

St. Anthony Messenger Press,
Cincinnati, Ohio
© Richard Rohr and Joseph Martos 1987

Übertragung aus dem Amerikanischen von
ANDREAS EBERT

Umschlagbild: *Predigendes Buchholz.*
Objckt: Martin Schwarz, Foto: Marlen Perez.
Mit freundlicher Genehmigung des Museums
Bellerive, Zürich.

Alle Rechte der deutschen Ausgabe vorbehalten – Printed in Germany
© Verlag Herder Freiburg im Breisgau 1990
Herstellung: Freiburger Graphische Betriebe 1990
ISBN 3-451-21870-4

Inhalt

Vorwort des Übersetzers

Der US-amerikanische Franziskanerpater Richard Rohr ist im deutschen Sprachraum längst kein Unbekannter mehr. Seine Bücher „Der wilde Mann – geistliche Reden zur Männerbefreiung", „Der nackte Gott – Plädoyers für ein Christentum aus Fleisch und Blut" und „Das Enneagramm – die neun Gesichter der Seele" sind innerhalb kurzer Zeit religiöse Bestseller geworden. Es gibt bei uns bereits so etwas wie eine „Fan-Gemeinde" dieses außergewöhnlichen Mannes.

Richard Rohr wurde 1943 als Sohn deutschstämmiger Eltern in Topeka im US-Bundesstaat Kansas geboren. Schon frühzeitig kam er ins weitentfernte Seminar der Franziskaner nach Cincinnati/Ohio und durchlief eine mustergültige Ordenskarriere: Theologiestudium mit bibelwissenschaftlichem Schwerpunkt, Diakonat in einem Indianerreservat in New Mexico, Priesterweihe in seiner Heimatstadt. Anfang der 70er Jahre wurde er – gegen seinen Willen – als Religionslehrer an einem katholischen Knaben-Gymnasium in Cincinnati eingesetzt. Er gewann die Herzen der Halbwüchsigen im Flug. Einkehrtage mit dem jungen Pater lösten unter den jungen Männern eine aufsehenerregende religiöse Erweckung aus, die schließlich zur Gründung der Lebensgemeinschaft New Jerusalem führte, die heute (mit über 100 Familien) die bedeutendste katholische Laienkommunität der USA ist.

Richard Rohr war von Anfang an ein begnadeter Prediger. Er redet bis heute in der Regel „aus dem Bauch heraus", meist mit nur wenigen stichpunktartigen Notizen in der Hand. Ohne die Erfindung des Kassettenrekorders wären deshalb die meisten seiner Gedanken verlorengegangen. Seiner Mitarbeiterin Sr. Patricia Brockman, einer Ursuline, ist es zu verdanken, daß die Reden mitgeschnitten wurden. Sie war es auch, der es mit viel Überredungskunst gelang, das eher risikoscheue Redaktionskollegium des „St. Antonius-Boten", einer franziskanischen Kirchenzeitung in Cincinnati, und den damaligen Herausgeber des Blattes, Pater Jeremy Harrington, zu motivieren, Mitschnitte dieser Reden zu vervielfältigen und landesweit zu vertreiben. Eines ihrer Argumente war schlicht und einfach, daß die junge Gemeinschaft für ihre Aufbauarbeit Geld brauchte. Durch den Verkauf der Kassetten hoffte sie, ein paar Dollar „einzuspielen". Der Versuch wurde zu einem unglaublichen Erfolg. Die ersten zwölf Kassetten Richard Rohrs mit dem Titel „The Great Themes of Scripture" (Die großen Themen der Bibel) traten einen beispiellosen Siegeszug an und wurden über 100 000mal verkauft. Mit ihnen wurde der junge Pater über Nacht landesweit berühmt.

Er hatte in diesen Vorträgen den Versuch unternommen, jungen Katholiken die Bibel nahezubringen. Dabei war es ihm gelungen, die Heilige Schrift zu „entfesseln", indem er jahrhundertealten Staub lehrmäßiger Langeweile von diesem Buch weggeklopft und die Erkenntnisse der modernen Bibelwissenschaft voll aufgenommen hatte. ·Aber er war nicht bei der distanzierten und „verobjektivierenden" Betrachtungsweise der historischen Bibelkritik stehengeblieben. Er hatte vielmehr die gesamte Bibel nach jenen großen Themen durchforstet, die immer und überall jeder echten Glaubensgemeinschaft und jedem Menschen auf den Nägeln brennen, der sich ernsthaft auf den Weg des Glaubens begibt. Dadurch erwies sich die Heilige Schrift als hautnah und brandaktuell und setzte ihrerseits erstaunliche Kräfte frei. Das „entfesselte Buch" erwies sich als „entfesselndes Buch".

Eine der Hauptthesen Rohrs lautet: Der Gott der Bibel ist von Anfang an ein Gott der Liebe gewesen, auch schon im Alten Testament! Die Menschheit mußte allerdings einen langen Prozeß durchlaufen, bis zumindest einige wenige Menschen diesen Gott wirklich begreifen und auf seine Liebe angemessen reagieren konnten. Jede Glaubensgemeinschaft, jede Christin und jeder Christ muß denselben Entwicklungsprozeß durchlaufen wie einst das Volk Israel, bevor Gott in diesem Volk Mensch werden konnte. Rohr belegt das nicht zuletzt durch ständige Querverweise auf die Kirchengeschichte und auf seine eigene Glaubensbiographie.

Immer wieder wurde nach einer schriftlichen Fassung der Vortragsserie über die Bibel gefragt. Schließlich machte sich ein Freund Richard Rohrs, der Bibeltheologe Joseph Martos vom Allentown College in Pennsylvania, an die Arbeit, Rohrs Reden nachzuschreiben. Das führte zur Bearbeitung und Gliederung der einstmals ohne ausführliches Konzept gehaltenen Vorträge. Außerdem nutzte Martos sein theologisches Fachwissen, um Rohrs Ausführungen bibelwissenschaftlich auf den neuesten Stand zu bringen. So konnten 1987 die beiden Bände, die dem Alten und dem Neuen Testament gewidmet sind – 16 Jahre nach dem mündlichen Vortrag –, in Buchform erscheinen.

Ich freue mich, daß der Verlag Herder sich entschlossen hat, diese Bibelkunde auch den deutschsprachigen Lesern zugänglich zu machen. Man spürt bis heute, wie sie von der jugendlichen Begeisterung des damals 30jährigen Paters getragen wird, der in dieser Zeit zusammen mit einer großen Schar junger Menschen einen erstaunlichen geistlichen Aufbruch erlebte. Im Vorwort zur amerikanischen

9

Ausgabe gibt Richard Rohr zu, daß er heute einiges anders ausdrücken würde. Aber er fährt fort: „Ich bin froh, daß ich das damals so gesagt habe. Jetzt bin ich älter und geläutert durch Niederlagen, Rückschläge, Leiden, Studium und geistige Nuancierungen, die die Lebenserfahrung wohl mit sich gebracht hat. Weiß ich heute mehr oder weniger als damals? Waren die damaligen Formulierungen zutreffend, oder sage sich es heute besser? Welcher Naivität ist der Vorzug zu geben – der ersten oder der zweiten? Ich weiß es selbst nicht und muß es auch nicht wissen …"

Richard Rohr leitet heute das „Zentrum für Aktion und Kontemplation" in Albuquerque/New Mexico. Er hat in allen fünf Erdteilen gepredigt und war wegen seines Friedensengagements mehrmals im Gefängnis. Wer das vorliegende Buch liest, kann nur darüber staunen, wie konsequent Richard Rohr den Weg weitergegangen ist, den er schon damals vorausgeahnt und beschrieben hat. Diese Einführung in die Bibel ist gleichsam das Fundament, auf dem alles Spätere ruht. Sie ist ein Schlüssel, um alles weitere zu begreifen.

Richard Rohr hat seine Ausführungen in einen Kontext hineingesprochen, der weitgehend vom damals noch sehr traditionellen US-amerikanischen Katholizismus bestimmt wurde. Als Deutscher und als lutherischer Pfarrer habe ich mir erlaubt, das letzte Kapitel dieses Buches mit vier Fußnoten zu versehen, die den Versuch unternehmen, einige der Einsichten Richard Rohrs „ins Protestantische zu übersetzen". Katholiken dürfen diese Fußnoten gerne überlesen; vielleicht aber dienen sie ihrer ökumenischen Horizonterweiterung.

Ich hoffe, daß bald auch der zweite Band vorgelegt werden kann, der in die Schriften des Neuen Testaments einführt.

Andreas Ebert

Einleitung

Du bist gerade im Begriff, dich auf ein großes und riskantes Abenteuer einzulassen. Das Versprechen gilt: Gott wird dir heute etwas Neues schenken. Das einzige, was du mitbringen mußt, ist Hunger – und Gott wird dir geben, wonach du verlangst. Voraussetzung ist allerdings, daß du zu Gott kommst und mehr erwartest und willst als das, was du schon hast.

Wir bekommen von Gott das, was wir erwarten. Wenn wir neue Ohren haben, kann Gott uns etwas Neues sagen. Wenn wir von Gott nichts Neues mehr erwarten, gleichen wir Ungläubigen und sind praktisch gesehen Atheisten.

Hier und jetzt will Gott dir etwas Neues sagen. Das nicht zu glauben und nicht zu hoffen bedeutet, das Vertrauen auf die Kraft des Wortes Gottes bereits aufgegeben zu haben.

Der Apostel Paulus schreibt an die christliche Gemeinde in Rom: „Ich schäme mich des Evangeliums nicht: Es ist eine Kraft Gottes, die alle rettet, die glauben" (Röm 1, 16). Von dieser Kraft will ich reden. Ich schäme mich dieses Evangeliums nicht, denn ich habe erlebt, welche Kraft, welches Leben, welches Abenteuer, welche Vitalität und welche Freiheit es vielen Menschen gebracht hat.

Als ich zum Priester geweiht wurde, hätte ich nicht in meinen wildesten Träumen das ausgesucht oder geplant, was ich jetzt mache[1]. Ich bin Franziskaner, und als ich die

---

[1] Die Vorträge, die in diesem Buch gesammelt sind, wurden in der stürmischen Aufbruchphase der Familienkommunität New Jerusalem gehalten (siehe Vorwort).

Priesterweihe empfing, fragten mich meine Ordensoberen, welche Aufgabe ich als Priester gerne übernehmen würde. Ich sagte, ich würde erstens gern predigen und Gelegenheit haben, bei volksmissionarischen Veranstaltungen und Exerzitien den Menschen die Kraft und das Leben des Wortes Gottes weiterzuvermitteln. Zweitens, sagte ich, würde ich gern Bibellehrer sein, weil das vom Studium her mein Spezialgebiet war. Drittens sagte ich, wäre ich glücklich, wenn ich zu den Indianern in New Mexico zurückkehren dürfte, wo ich bereits als Diakon gearbeitet hatte.

Dann fragte man mich, worauf ich *keine* Lust hätte, und ich sagte, ich würde nur ungern Jugendarbeit machen. Nichts gegen Jugendliche, aber ich hatte damals das Gefühl, es wäre dringend erforderlich, *Erwachsenen* das Wort Gottes zu bringen. Außerdem fürchtete ich, ich könnte bei der Arbeit mit Jugendlichen zu sehr darauf aus sein, sie gut zu unterhalten und mich bei ihnen anzubiedern und dabei womöglich das Evangelium zu verwässern. Aber Gott hatte andere Pläne, und so bekam ich in meinem ersten Jahr als Priester den Auftrag, in einem franziskanischen Knabengymnasium in Cincinnati Religionsunterricht zu geben.

In jenem Jahr erlebte ich, daß sogar Zehntkläßler für mehr offen waren und sich auf etwas Tieferes einlassen wollten. Sie waren bereit, sich herausfordern zu lassen. Sie ließen sich das Evangelium sagen und hörten zu.

Kurz danach übertrug man mir die Verantwortung für die Jugendexerzitien der Diözese. Dadurch kam es innerhalb von wenigen Monaten und durch eine Reihe von Ereignissen, die ich nur als Wunder bezeichnen kann, zu den Anfängen einer verbindlichen Lebensgemeinschaft. Später wurde ich der Leiter dieser Gemeinschaft, die wir schließlich New Jerusalem nannten. An jedem Freitagabend kommen jetzt bei uns vier- bis fünfhundert Menschen zu Gebet und Gottesdienst zusammen. Diese Gemeinschaft hat einzig und allein durch Gebet und Gottes Wort Gestalt angenommen.

Wir haben entdeckt, daß nur das Wort Gottes wirklich in der Lage ist, eine Gemeinschaft zu formen. Nur das Wort Gottes kann uns wirklich zeigen, wie man betet und was es bedeutet zu glauben. Das ist für viele Katholiken etwas Neues. Wir haben größtenteils keine biblisch geprägte Spiritualität. Viele von uns haben einst abstrakte Katechismussätze auswendig gelernt. Dabei haben wir das biblische Bild vom wandernden Gottesvolk aus den Augen verloren, das Bild jenes Volkes, das mit dem Geheimnis Gottes ringt und das unterwegs ist auf der Reise des Glaubens. Nur die biblischen Schriften können uns dieses Bild vermitteln.

Die sechs Kapitel dieses Buches bilden den ersten Band eines zweibändigen Überblicks über die großen Themen der Heiligen Schrift. Wenn du dich mit diesen Themen auseinandersetzt, wirst du merken: sobald du ein Gespür für diese wenigen Themen bekommst, beginnt plötzlich die gesamte Bibel zu einem sinnvollen Ganzen zusammenzuwachsen. Wir beginnen zu sehen, daß dieses ganze Buch von der Genesis bis zur Offenbarung ein und denselben Anruf und Anspruch an unser Leben enthält. Denjenigen, die sich auf dieses Gespräch mit der Bibel einlassen, wird *eine* grundlegende Botschaft vermittelt. Diese Botschaft ist die Gute Nachricht, das Evangelium. Es ist identisch mit dem, was wir schon immer das „Wort Gottes" nennen.

Jesus ist schließlich derjenige, der dieses Wort personifiziert und in sich zusammenfaßt. Das Wort sagt folgendes: Du sollst wissen, daß du erlöst bist, daß du geliebt bist, daß du einzigartig bist, daß du frei bist. Und du sollst wissen, daß du auf dem Weg bist, daß du ein Ziel hast, daß dein Leben Sinn hat.

Auf mannigfaltige Weise wirst du diese gute Nachricht in den folgenden Kapiteln immer wieder hören. Nachdem du dieses Wort gehört hast, kannst du nie mehr sagen, dir sei das Evangelium nicht verkündigt worden. Du hast die Gute Nachricht gehört. Danach kann nichts mehr so sein wie vorher.

Du hast die Verantwortung. Das Wort gilt dir. Und du hast die Möglichkeit, durch dieses Wort befreit zu werden.

Erstes Kapitel

Der Ruf – Hinführung zum Wort

Der Schlüssel zum Verständnis der Bibel liegt darin, daß wir die wenigen großen Themen erkennen, die sie durchziehen – von Buch zu Buch, vom Alten Testament zum Neuen. Die Abschnitte zu meditieren, in denen diese Themen zur Sprache kommen, ist eines der Hauptmittel, um Herz und Verstand für das Wort Gottes zu öffnen, das zu uns durch diese Schriften redet. Denn es ist dasselbe Wort, das die vom Geist bewegten Autoren hörten, als sie die heiligen Texte niederschrieben. Bevor ich jedoch diese Hauptthemen nenne und darstelle, wie sie sich in der Bibel entwickeln, ist es wichtig, etwas über die Bibel als Gottes Wort zu sagen und jene Bücher vorzustellen, aus denen die Bibel besteht.

Die Bedeutung der Bibel – damals und heute

In der Bibel schlagen sich die Erfahrungen nieder, die Menschen gemacht haben, als Gott sich ihnen offenbarte. Das Buch ist nicht vom Himmel gefallen. Es wurde von Menschen verfaßt, die auf Gott hörten. In den Geschichten des hebräischen Volkes sehen wir, wie Jahwe, der Gott Israels, sich nach und nach als der zeigt, der Zukunft und Hoffnung derjenigen ist, die mehr suchen. Ihre Geschichte war das wunderbare Werk Gottes, der sie als Gemeinschaft des Glaubens zu immer größerer Einheit und Reife führte.

Dasselbe gilt für uns. Gott rettet uns als *Gemeinschaft,*

15

als *Volk*. Im *selben* Prozeß, in dem er uns zueinander bringt, bringt er uns zu sich. Und indem er uns zu sich bringt, bringt er uns zueinander.

Der Glaube Israels an die Macht des Wortes Gottes wird im Jesajabuch so formuliert:

> Eine Stimme sagte: Verkünde! Ich fragte: Was soll ich verkünden?
> Alles Sterbliche ist wie das Gras, und all seine Schönheit ist wie die Blume auf dem Feld.
> Das Gras verdorrt, die Blume verwelkt, doch das Wort unseres Gottes bleibt in Ewigkeit *(Jesaja 40, 6.8)*.

Die Israeliten kannten die Kraft und Wirkmächtigkeit des Wortes Gottes. Etwas später sagt der Prophet:

> Wie der Regen und der Schnee vom Himmel fällt und nicht dorthin zurückkehrt, sondern die Erde tränkt und sie zum Keimen und Sprossen bringt, wie er dem Sämann Samen gibt und Brot zum Essen, so ist es auch mit dem Wort, das meinen Mund verläßt:
> Es kehrt nicht leer zu mir zurück, sondern bewirkt, was ich will, und erreicht all das, wozu ich es ausgesandt habe *(Jesaja 55, 10–11)*.

Dies ist Israel widerfahren. Wir müssen damit rechnen, daß es auch uns widerfährt. Es handelt sich um ein Versprechen. Das Wort Gottes lügt nicht. Wenn das Wort Gottes auf fruchtbaren Boden fällt, muß es 30-, 60- und 100fach Frucht bringen. Weil das hebräische Volk Gottes Liebesinitiative annahm, wurde es zu einer Gemeinschaft des Glaubens, zu einer Nation, die auf Gott hörte. Es handelte sich nicht so sehr darum, daß Gott Israel mehr liebte als die anderen Völker der Erde, sondern vielmehr darum, daß Israel ein Volk war, das lernte zuzuhören und das Wort Gottes aufzunehmen.

Die Erfahrung und Erkenntnis der Liebe Gottes befreite

dieses Volk. Jene Bücher, die die Erfahrung widerspiegeln, die die Israeliten in ihrem Leben mit Gott gemacht haben, nennen wir das „Alte Testament". Der *Tanach*, wie es auf hebräisch heißt, besteht aus 46 Büchern. Diese Schriften zeigen eine evolutionäre Entwicklung, ein allmähliches Begreifen, wie Gott im Leben der Menschen handelt. Wenn wir diese Schriften durchgehen, werden wir entdekken: Die Weise, wie Israel als Volk gewachsen und gereift ist, stellt modellhaft dar, was mit *jedem* Menschen und mit *jeder* Gemeinschaft geschieht, wenn sie sich auf den Weg des Glaubens machen. Sie durchlaufen bestimmte Stadien und begreifen nach und nach, wie Gott sie liebt und was Gottes befreiendes Handeln für sie bewirkt.

Protestanten bezeichnen einige Bücher unseres Alten Testaments als „apokryph", das heißt, als jüdische Schriften, die eigentlich nicht zur Heiligen Schrift gehören. Die Bücher, die sie zu den Apokryphen rechnen, sind die beiden *Makkabäerbücher, Tobit, Judit, Ester, Weisheit, Jesus Sirach, Baruch* und Teile des *Danielbuches.* Deshalb haben einige Christen ein kürzeres Altes Testament. Dennoch ist das Wort Gottes im *wesentlichen* für uns alle, Katholiken wie Protestanten, identisch. Der springende Punkt der Botschaft ist derselbe, egal, welche Ausgabe der Bibel wir benutzen.

Zusätzlich zu diesen jüdischen Schriften bezeichnen alle Christen das sogenannte „Neue Testament" als Teil der Bibel, jenes neue Wort, das für uns in Jesus personifiziert und offenbart worden ist. Das Neue Testament besteht aus 27 Büchern, die wahrscheinlich in einem Zeitraum von 100 Jahren geschrieben wurden. Das Alte Testament spiegelt die Erfahrung von ungefähr 2000 Jahren wider, so daß wir insgesamt eine Aufzeichnung vor uns haben, die an die 2100 Jahre umspannt, in denen Menschen gelernt haben, auf Gottes Stimme zu hören.

Ihre Erfahrung beim Hören und Antworten auf das

Wort setzt verbindliche Maßstäbe für uns, wenn wir heute versuchen, dieses Gespräch weiterzuführen und recht zu verstehen und zu deuten. Wir glauben, daß die Autoren dieser Schriften ernsthaft auf Gott gehört haben. In diesem Sinn nennen wir die Bibel „göttlich inspiriert". Wir glauben, daß Gott wirklich zu den biblischen Schriftstellern geredet hat und daß dieses „be-geisterte Gespräch" zwischen Gott und der Menschheit bei denjenigen weitergeht, die vertrauen und hören können. Mit anderen Worten: die Erfahrung des antiken Israel ist unser Maßstab für heute. In ihr finden wir die geeigneten Kriterien, um unsere eigene Heilsgeschichte zu deuten.

Deshalb hängt unser Glaube nicht an den *Wörtern* der Bibel. Das wäre Fundamentalismus. Unser Glaube hängt an einer *Person*. Unser Glaube hängt an dem Herrn, der sich uns selbst offenbart. Er ist das Wort, das uns zum persönlichen Dialog auffordert. Fundamentalismus ist eine sklavische Vergötzung von Wörtern, die unausweichlich in der Sackgasse eines starren und engstirnigen Umgangs mit der Bibel endet. Das Wort fordert uns zu einem persönlichen Dialog heraus, der in vielfacher Hinsicht dem Ringkampf Jakobs mit dem Engel gleicht (Genesis 32,23–33). Nur in dieser unmittelbaren persönlichen Betroffenheit und Beziehung kommen wir jenem Geheimnis von Angesicht zu Angesicht nah, das „Gott" heißt.

Anläßlich dieser Begegnung erhielt Jakob den Namen *Israel*, was „stark gegen Gott" heißt. In diesem Moment wurde Jakob Israel, und Israel wurde ein Volk. Dieses Volk wurde geradezu aus der Erfahrung geboren, auf Leben und Tod in einen Ringkampf mit dem Geheimnis Gottes verstrickt zu sein. Heute werden wir zum „neuen Israel", wenn wir uns auf ebendiesen Ringkampf einlassen. Es gibt keine einfachen Antworten. Es gibt keine simplen Rezepte. Wer glaubt, daß es sie gibt, leugnet die Erfahrung der gesamten Menschheit.

18

Wir sind dazu berufen, eine Wanderung zu machen. Aber, lieber Pilger, es gibt auf dieser Reise keine geebneten Pfade. Die Straßen entstehen, indem wir sie gehen. Nur indem wir die Reise machen, werden wir schließlich die Antworten kennen. Es sind nicht immer schöne Antworten. Es sind nicht immer „Kopf"-Antworten. Es sind meistens „Bauch"-Antworten. Sie sind Sinn. Sie sind Leben. Denn was wir suchen, was wir brauchen, und was Gott verspricht, ist Sinn und Leben.

Ziel und Zweck der Heiligen Schrift ist es, diese gute Nachricht mitzuteilen, unserem Leben diesen Sinn zu geben. Die Bibel beansprucht nicht, ein Geschichtsbuch zu sein. Sie beansprucht nicht, wissenschaftliche Erkenntnisse zu vermitteln. Sie ist kein Frage- und Antwortbuch für alle möglichen Lebensprobleme. Ihr Ziel ist es, religiöse Wahrheit zu vermitteln – das heißt, Wahrheit darüber, wer Gott ist und wie es zwischen uns Menschen steht. Mehr können wir von diesen Schriften nicht erwarten. Wir können sie auch nicht dafür kritisieren, daß sie nicht sind, was sie nicht sein wollen. Sie geben uns aber das, was wir am dringendsten brauchen: das Brot, von dem wir wirklich leben, das Wort des Vaters.

Es ist wichtig, zu beachten, daß kein einzelner Abschnitt der Bibel isoliert vom Rest betrachtet werden kann. In gewissem Sinn waren die ersten Bücher der Bibel nicht wirklich vollendet, bis das letzte Buch geschrieben war. Jedes Buch der Bibel muß im Kontext mit allen anderen gelesen werden, damit man es recht versteht. Mißachten wir das, verfallen wir unausweichlich dem Fundamentalismus, jener Unsitte, sich zu sehr auf Einzelzitate oder isolierte Verse zu stützen. Wenn wir nur nach bestimmten Formulierungen Ausschau halten, können wir tatsächlich aus der Bibel *alles* beweisen, was wir wollen. Um einzelne Zitate angemessen einordnen und auslegen zu können, muß man die Gesamttendenz der Bibel kennen und verstehen. Deshalb ist es so wichtig, sich mit dem Anliegen dieses Buches anzufreunden und die großen biblischen Linien kennenzulernen, in denen alles zusammenfließt.

Wenn wir diese Gesamtsicht im Blick haben und in diesen persönlichen Dialog einsteigen, erleben wir die Kraft des Wortes Gottes. Der Verfasser des Hebräerbriefes sagt, daß das Wort Gottes lebendig und aktiv ist, schärfer „als jedes zweischneidige Schwert", daß es durchdringt

„bis zur Scheidung von Seele und Geist, von Gelenk und Mark; es richtet über die Gedanken des Herzens; vor ihm bleibt kein Geschöpf verborgen, sondern alles liegt nackt und bloß vor den Augen dessen, dem wir Rechenschaft schulden" (Hebräer 4, 12–13).

Wenn du dich als bloßer Zuschauer der Heiligen Schrift näherst und so Wissen über Gott erwerben willst, wirst du nie zu wahrer Gotteserkenntnis kommen. Wenn du der Bibel als kalter Analytiker gegenübertrittst, der über den Dingen steht, oder wenn du das Wort zwingen willst, sich dir zu beweisen, wirst du kaum erleben, wie sehr es dein Leben verändern kann.

Die Bibel wurde im Glauben geschrieben und kann nur im Glauben verstanden werden. Wir müssen zuerst „ nach Gottes Reich trachten". Wir müssen lernen, zu staunen wie Kinder. Wir müssen um das Geschenk des Heiligen Geistes bitten. Wenn wir uns der Bibel mit dieser Art von Glauben nähern, springen die Wörter gleichsam vom Papier und das Wort kann unser Innerstes treffen.

Die franziskanische Theologie sagt uns, daß die Liebe der Erkenntnis vorausgeht. Wir erkennen nur das wirklich, was wir lieben. Wenn wir analysierend und kühl berechnend außen vor bleiben, werden wir nichts wirklich kennenlernen. Nur wenn wir den Schritt nach vorn wagen und uns einer Person, einer Erfahrung oder einem

Wort aussetzen, kann diese Person, diese Erfahrung oder dieses Wort unser Herz wirklich treffen und ansprechen. Du mußt diesen Sprung des Glaubens oder diesen Akt der Liebe machen, du mußt das Wagnis der Hingabe eingehen, wenn du hören willst, wie das Wort Gottes dich anspricht.

Ich kann dir mit keinerlei Logik und mit keinem bißchen Philosophie beweisen, daß die Bibel wirklich Gottes Wort ist. Aber ich kann dich herausfordern, den Schritt nach vorn zu machen, Vertrauen zu schöpfen, zu hören und zu sagen:

„Herr, wenn du wirklich der Herr bist, dann mach dich in meinem Leben bemerkbar und sprich zu mir!" Erst, wenn wir Gott vertrauen, ihn an die erste Stelle lassen und ihm erlauben, der Herr zu sein, erkennen wir, was sein Wort tatsächlich vermag. Erst dann erleben wir diese Kraft in unserem Leben.

Es ist sehr schwierig für uns als gebildete und kultivierte, wissenschaftlich und technisch orientierte Menschen, die Kraft des Wortes Gottes zu erfahren. Ein Grund dafür liegt darin, daß wir nicht loslassen können. Wir vertrauen nicht wirklich darauf und glauben nicht wirklich daran, daß Gott zu uns reden will. Deshalb entziehen wir uns ständig diesem Gespräch. Die alten Hebräer dagegen waren Menschen, die es verstanden, in diesen Dialog einzutreten. Sie waren fähig, Gott in seiner gesamten Schöpfung, in ihrer eigenen Geschichte und in all ihren Lebensbezügen zu sehen.

Wir müssen heute, um gute *Christen* zu werden, zunächst gute *Juden* werden. Wir müssen lernen, wie man als Juden, Israeliten und Hebräer denkt. Papst Pius XI. hat in seiner Enzyklika „Mit brennender Sorge" gesagt: „Geistlich sind wir alle Semiten". Um zu hören, was uns die Schrift wirklich sagen will, müssen wir die semitische Einstellung zur Schöpfung, die biblische Auffassung der Geschichte und jene existentielle Sicht des Lebens entwikkeln, die unsere hebräischen Vorfahren hatten. Dann werden auch für uns durch das Wort Gottes die universalen Grundmuster menschlicher Erfahrung erkennbar und bekommen Sinn. Wir verstehen plötzlich unser eigenes Herz. Wir begreifen plötzlich die Zusammenhänge unseres eigenen Lebens und unserer Glaubensgemeinschaften, ja, die der gesamten Welt. Die Zusammenhänge und Grundmuster des Lebens werden durch Gottes Wort sichtbar.

Wenn wir uns auf dieses Gespräch mit Gottes Wort einlassen, merken wir, daß es uns immer wieder neu anspricht. Es führt uns fortwährend tiefer. Deshalb können wir diese Worte immer wieder lesen. Jedesmal sprechen sie uns in einer neuen Schicht an, weil wir selbst jedesmal woanders sind. Jemand hat einmal gesagt: Wenn die Wahrheit nicht länger neu ist, ist sie nicht länger die Wahrheit.

Um zu einer biblischen Mentalität zu gelangen, müssen wir zunächst sehen, was die Hebräer mit „Glaube" meinten. Sie haben den Glauben immer als Glaube *an eine Person* verstanden. Die Person sahen sie als *Einheit* von Kopf, Herz und Wille. Folglich war Glaube für sie ein ganzheitliches zwischenpersonales Geschehen. Glaube ist kein „Hirntrip", kein intellektueller Akt. Das heißt nicht, daß Glaube antiintellektuell oder irrational ist; aber es heißt, daß Verstandeswissen nur *ein Teil* ist. Beim Glauben geht es nicht in erster Linie darum, die richtigen Ideen für wahr zu halten. Es geht vielmehr um eine Erfahrung der ganzen Person.

Es gibt die alte Redewendung, daß sogar der Teufel die Wahrheit *kennt.* Der Teufel kennt die Dogmen und Glaubensbekenntnisse der Kirche, wenn man so sagen kann. Aber das hat nichts mit Glauben zu tun. Glaube ist nicht die intellektuelle Zustimmung zu richtigen Behauptungen. Es geht in erster Linie nicht darum, bestimmte Vorstellungen zu akzeptieren und zu sagen: „Ich glaube dieses oder jenes." Auch der Teufel kann die wahren Sachverhalte durchaus kennen, aber er setzt sein Vertrauen und seine Hoffnung keinen Augenblick lang auf Gott.

Die Art von Glauben, die Jahwe Israel lehrte, war schlichtes Vertrauen und schlichte Hoffnung. Er lud sein Volk ein, ihre Hoffnung und ihr Vertrauen auf ihn zu setzen und zu glauben, daß sie nicht enttäuscht werden würden. So begannen sie, mit Gottes Handeln in ihrem Leben zu rechnen. Ihr Glaube war voller Erwartung; sie erlaubten Gott, in ihr Leben einzugreifen und sie anzusprechen. Menschen des Glaubens wie Abraham und Mose hatten die Verheißung Gottes – auf welche Weise auch immer – vernommen, genau wie du und ich sie vernehmen müssen.

Vielleicht hörten sie genausowenig Stimmen oder hatten sie genausowenig Visionen wie du und ich. Aber sie waren sich ihrer göttlichen Berufung ganz klar. Sie hatten Gottes Wort vernommen. Sie erlebten, daß sie von Gott beschenkt wurden, und nahmen Gottes Geschenke an.

Und sie zweifelten niemals an diesem Geschenk. Sie waren bereit, sich der Finsternis zu stellen und darauf zu warten, daß sich die Verheißung erfüllt. Das Volk der Hebräer verstand die Geschichte immer als jene Zeitspanne, die zwischen Verheißung und Erfüllung liegt. Sie standen dazwischen und warteten darauf, daß sich das Wort Gottes realisiert und Gestalt annimmt. Seither haben sich Frauen und Männer des Glaubens immer wieder darin erwiesen, daß sie dem Nichts ins Auge gesehen und gewußt haben, daß sich Gottes Verheißung auf irgendeine Weise inmitten all dieser Absurdität, Sinnlosigkeit und Orientierungslosigkeit durchsetzen wird.

Die Hebräer waren seinerzeit das einzige Volk der Erde, das glaubte, daß die Geschichte irgendwohin geht. Geschichte hatte für sie eine Richtung; sie war keine ewige Wiederkehr desselben. Die Zeit verstanden sie als eine Gerade; sie drehte sich nicht in Kreisen, die nirgendwohin führen. Das Leben selbst hatte ein Ziel; es war keine sinnlose Wiederholung. Sie hatten diese Sichtweise, weil sie erlebten, daß Gott selbst zielbewußt an ihnen handelte. Sie erfuhren seine Vorsorge, und sie verließen sich darauf. Sie gründeten ihre ganze Existenz auf die Voraussetzung, daß Gott gut ist, daß er wirklich der Herr ist, daß er sie zu einem Ziel führt und daß seine Liebe zu ihnen nie aufhört.

Manchmal allerdings verloren sie diese Vision aus den Augen. Dann mußten die Propheten kommen und sie daran erinnern. Die Propheten ließen nicht zu, daß die Israeliten sich etwas vormachten oder nur so taten als ob. Sie durften keine religiösen Spielchen, wie zum Beispiel formelle Gottesdienste, betreiben. Wenn sie die gute Nachricht von der Liebe Gottes verwässerten, wenn sie die Richtung aus den Augen verloren, in die sie diese Liebe führte, dann sandte Gott ihnen Propheten wie Jesaja, um ihnen sagen zu lassen, daß sie ihre Berufung verfehlt hatten:

Weil dieses Volk sich mir nur mit Worten nähert
und mich bloß mit den Lippen ehrt,
sein Herz aber fernhält von mir,
weil seine Furcht vor mir
nur auf einem angelernten menschlichen Gebot beruht ... (Jesaja 29, 13).

Dieses prophetische Wort ist erschreckend, wenn wir uns klarmachen, wieviel von unserer eigenen Religion bisher genau das gewesen ist: ein angelerntes menschliches Gebot – Bruchstücke des Schulkatechismus!

Und trotzdem ist Gott nicht empört. Er ist auch nicht beleidigt, wenn wir uns so verhalten. Man beachte die schöne Antwort, die er im nächsten Vers gibt:

„...darum will auch ich in Zukunft an diesem Volk seltsam handeln, so seltsam, wie es niemand erwartet" (Vers 14a).

Gott sagt mit anderen Worten: „Ich muß sie künftig auf ganz überraschende und staunenerregende Weise mit meiner Liebe überschütten. Wenn sie mich nicht lieben, werde ich sie einfach *noch mehr* lieben. Ich will sie in eine herrliche Zukunft führen, wenn sie es mir nur erlauben."

Während ihrer ganzen Geschichte erlebten die Israeliten die bedingungslose und uneingeschränkte Zuwendung Gottes. Selbst wenn sie den Geboten nicht gehorchten, selbst wenn sie nicht glaubten, daß Gott neues Leben für sie bereithielt, schenkte er es ihnen trotzdem. Und so begriffen sie nach und nach, daß neues Leben nicht von ihrem Gehorsam abhing. Schritt für Schritt entdeckten sie, daß „Würdigkeit" nicht das Thema war. Das einzig relevante Thema des Lebens ist die verläßliche Liebe Gottes. Der einzig wirkliche Unterschied zwischen Menschen besteht darin, ob sie das glauben können oder nicht.

Die gute Nachricht verweist immer auf die Zukunft, auf einen neuen Ort, auf das verheißene Land. Sie weist niemals in die Vergangenheit. Die Ironie der christlichen Geschichte besteht darin, daß wir immer viel lieber Rückschau gehalten haben: „Damals gab es noch Wunder. Damals war Gott noch Gott, damals lebten die großen Propheten. Im Mittelalter gab es die großen Heiligen ..." So wurde das Wort Gottes unsinnigerweise zu einer konservativen anstatt zu einer befreienden Kraft. Weil wir nicht wirklich auf Gottes Wort hörten, machten wir religiöse Verrenkungen und Trockenübungen und verloren dabei den Zugang zur Kraft des Wortes Gottes.

Es ist eine gute Nachricht, daß Gott uns immer wieder aus unserem Götzendienst und aus unserer Verunsicherung herausruft zu jener Sicherheit, die er uns geben will, zu jener Zukunft, die er schaffen will. Das Christentum ist – wie das Judentum – in erster Linie eine *vorwärtsgerichtete* Religion, weil es uns auffordert, unsere Götzen und Verteidigungsmechanismen zu demontieren, und weil es uns dazu führt, allein auf Gott zu vertrauen. Seine Liebe gibt uns die Sicherheit, unabgesichert zu leben, das Gegenwärtige loszulassen und uns der Zukunft zuzuwenden.

Aufgabe der Propheten war es, den Leuten fortwährend dieses neue Wort zu predigen und sie daran zu erinnern, daß sie *mehr* erwarten sollten. In den Tagen des Propheten Amos waren die Israeliten (wie wir heute) dabei, die Vision zu verlieren, die ihnen eigentlich geschenkt worden war. Er prophezeite, daß die Zeit kommen würde, da sie völlig orientierungslos sein würden, weil sie nicht auf Gott gehört hatten:

> Seht, es kommen Tage – Spruch Gottes, des Herrn –, da schicke ich den Hunger ins Land, nicht den Hunger nach Brot, nicht Durst nach Wasser, sondern nach einem Wort des Herrn. Da wanken die Menschen von Meer zu Meer, sie ziehen von Norden nach Osten, um das Wort des Herrn zu suchen; doch sie finden es nicht (Amos 8, 11–12).

Während der letzten 400 Jahre hat in der Kirche solch eine Hungersnot geherrscht. Wir haben geglaubt, daß wir Gottes Wort nicht brauchen – und dabei unsere Lebenskraft verloren. Wenn wir in der Kirche die Vitalität verloren haben, dann hauptsächlich deshalb, weil wir unsere Frömmigkeit nicht auf die Schrift gegründet haben, weil wir Gott nicht erlaubt haben, die Kirche auf sein Wort zu bauen.

Das Buch namens Bibel ist gleichsam die Verfassung oder das Grundgesetz unserer Kirche, und dennoch gibt es viele, die keine Ahnung von ihr haben. Die Schrift bedeutet ihnen nichts. Sie reden sich zum Beispiel darauf hinaus, daß das Alte Testament über eine andere Welt rede als die, die sie kennen, und daß das Neue Testament von anderen Dingen handle als von denen, die ihnen vertraut sind. Wenn die Bibel uns nicht mehr erreicht, hängt das damit zusammen, daß wir die grundlegende christliche Erfahrung noch gar nicht gemacht haben. Wenn Gott nicht zu uns redet, ist das ein Zeichen dafür, daß wir uns noch nicht auf das Gespräch mit diesem Gott eingelassen haben.

So lade ich dich nochmals ein, dich dem Wort der Schrift zu öffnen. Erlaube dir, Gott zuzuhören – und er wird zu dir reden. Das kann alles verändern, aber du mußt es wollen. Du mußt von Herzen danach verlangen. Du mußt zuerst Gottes Reich suchen, dann wird dir alles andere dazugegeben. Ich verspreche dir, daß du dabei nicht enttäuscht wirst, denn es stimmt, was der Psalm sagt: „Niemand, der auf dich hofft, wird zuschanden" (Psalm 25, 3 a).

Das also ist der Ruf, der vom Wort Gottes an uns ergeht. Das ist die durchgehende Einladung der Bibel. Um aber zu verstehen, wie dieser Ruf Israel ereilt hat und wozu uns Gott im besonderen einlädt, ist es wichtig, einiges über die verschiedenartigen Bücher zu wissen, die die Bibel ausmachen.

Die Bücher der Bibel

Der erste Teil der Bibel wird *Pentateuch* genannt. Diese Bezeichnung geht auf die griechischen Vokabeln für „fünf Bücher" zurück. Im Hebräischen heißen diese ersten fünf Bücher *Torah*, das Gesetz. Bis heute kann man die Schriftrolle mit der Torah in jeder jüdischen Synagoge sehen, wo sie in einem geschmückten Schrein aufbewahrt wird. Protestanten sprechen von den fünf Büchern Mose. Diese fünf Bücher sind, was ihre Entstehung betrifft, nicht unbedingt die ältesten Teile der Bibel, aber sie handeln davon, wie alles begann. *Genesis* zum Beispiel ist zwar das erste Buch der Bibel, wurde aber nicht als erstes geschrieben. Es geht in diesem Buch um eine Rückkehr zu den Anfängen im Licht der Gegenwart. Das Buch Genesis wurde vielleicht erst um 500 vor Christus endgültig zusammengestellt.

Exodus ist das zweite Buch der Bibel, obgleich sich eigentlich hier der wirkliche Anfang findet. Das Buch berichtet von der Flucht der Hebräer aus Ägypten. Die Geschichten dieses Abenteuers gehören wahrscheinlich zu den ältesten Elementen der Bibel.

Levitikus und *Numeri* enthalten ein wenig Geschichtsstoff, bestehen aber hauptsächlich aus Gesetzen und Geschlechtsregistern. Wir sehen darin in der Regel nicht viel Sinn. Die Israeliten jedoch wußten, daß ihre Geschichte wichtig war, weil sie erlebten, wie Gott in ihre Geschichte eingriff und sie veränderte. Ebenso betrachteten sie die Gesetze, die sie als Volksgemeinschaft brauchten, als gottgegeben an. Heute fühlen wir uns natürlich nicht verpflichtet, diese Unmenge von Gesetzen zu befolgen. Dennoch sind sie Teil der Bibel, des „inspirierten" Wortes Gottes. Das zeigt, daß wir unbewußt und wie von selbst begriffen haben, daß die Bibel unterschiedliche Bedeutungsebenen hat und daß es verschiedene Weisen gibt, das Wort Gottes zu verstehen.

Deuteronomium, das fünfte Buch des Pentateuchs, ist eine herrliche Darstellung davon, wie Gottes Liebe die Hebräer zu einem Volk geformt hat. Wenn man dieses Buch liest, sollte man den hebräischen Geist und die jüdische Spiritualität ganz besonders zu sich sprechen lassen.

Auf den Pentateuch folgen die „Geschichtsbücher", doch muß man sich klarmachen, daß keines dieser Bücher Geschichtsschreibung im heutigen Sinn ist. Diese Bücher enthalten die Erfahrungen, die die Israeliten mit Gottes Handeln in ihrem Leben gemacht hatten, aber so, wie sie Jahrhunderte später reflektiert und niedergeschrieben wurden. Vielleicht übertrieben die Autoren dabei mitunter ein bißchen, wie es Menschen gerne tun, wenn sie religiöse Epik verfassen. Aber sie hatten keinen Anlaß, Lügen über ihre Geschichte zu verbreiten. Weshalb hätten sie das tun sollen? Das erstaunliche ist, wie oft die Israeliten sich in diesen Büchern selbst demütigen, indem sie sich als zweideutig und treulos gegenüber Jahwe beschreiben. Das liegt daran, daß es nicht die Absicht dieser Schriften war, eine präzise Darstellung der Geschichte Israels zu liefern, sondern daß sie Gott ehren wollten, den sie als Befreier aus der Sklaverei und als Anführer auf dem Weg ins Neuland erfahren hatten.

Das Buch *Josua* und das Buch der *Richter* erzählen, wie Jahwe den Israeliten half, das verheißene Land zu erobern. Wir müssen zugeben, daß in diesen Büchern einiges vorkommt, was uns stört – zum Beispiel der Haß der Israeliten gegenüber den Kanaanäern. Aber wir sollten gleichzeitig daran denken, daß sich die Israeliten damals noch in einem Frühstadium ihrer moralischen Bewußtseinsentwicklung befanden. Immerhin konnten sie das Wort, das zu ihnen gesprochen wurde, auf einer bestimmten Ebene und in einem bestimmten Umfang begreifen und umsetzen.

In den Büchern *Samuel, Könige* und *Chronik,* im Buch Esra und im Buch *Nehemia* und in den *Makkabäerbüchern* finden wir die Geschichten religiöser Heldengestalten – zweifelsohne ein bißchen verklärt; aber dennoch hat jede dieser Geschichten ihre besondere Pointe. Der gemeinsame Nenner all dieser Geschichten ist: Gott ist es, der ständig mit diesen Gestalten und für sie handelt; er prägt ihre Erfahrungen und beeinflußt ihr Leben.

Auch die Bücher *Rut, Tobit, Judit* und *Ester* enthalten die Geschichten jüdischer Heldinnen und Helden. Aber was hatten diese Personen an sich, daß man sie nachträglich als Vorbilder betrachtete, als Menschen, die es wert waren, nachgeahmt zu werden? Wenn man es auf *einen* Nenner bringen will, dann war es ihre Treue gegenüber jenem Gott, den sie in ihrem Leben erfahren hatten. Weil die Israeliten wußten, daß Gott treu war, war Treue für sie eine wichtige Tugend. Deshalb verehrten sie Frauen und Männer, die treu waren, und eiferten ihnen nach.

Die nächste Gruppe von Schriften sind die „Weisheitsbücher". Diese Sammlung enthält die Bücher *Ijob, Psalmen, Sprichwörter, Kohelet,* das *Hohelied,* das Buch der *Weisheit* und *Jesus Sirach.*

Das Buch *Ijob* ist wie ein Theaterstück aufgebaut – mit einem Helden, Ijob, und einem Schurken, Satan, in den Hauptrollen. Es handelt sich um eine Art dramatische Kurzgeschichte, in der die Hauptperson schließlich das Wort Gottes hört und nach und nach in das Geheimnis Gottes hineingezogen wird.

Danach kommen die *Psalmen,* 150 religiöse Lieder des hebräischen Volkes. Viele dieser großartigen Texte sind für das Gebetsleben von Christen bis heute geeignet.

Das Buch *Kohelet* sollte man lieber nicht lesen, wenn man ein seelisches Tief hat. Es ist ein bißchen pessimistisch – man könnte es streckenweise sogar als zynisch bezeichnen. Aber es kann uns zeigen, wie wir Gott in den Negativerfahrungen unseres Lebens erleben können, indem es alle falschen Absolutsetzungen relativiert.

Manche lesen das *Hohelied* und erröten. Sie können sich nicht vorstellen, was solch ein Buch in der Bibel verloren hat. Das zeigt einmal mehr, wie prüde und viktorianisch die christliche Religion geworden ist. Die Israeliten haben sich nicht geschämt, die menschliche Gottesbeziehung mit der sexuellen Leidenschaft eines Mannes für eine Frau und einer Frau für einen Mann zu vergleichen. Den Israeliten war jede Prüderie fremd; sie waren irdische und wirkliche Menschen aus Fleisch und Blut.

Im Buch der *Sprichwörter* und im Buch *Jesus Sirach* sehen wir, wie Menschen, die auf Gott hörten, auch zu klugen menschlichen Einsichten gelangten. Diese Schriften vermitteln uns einen Zugang zu Gott und der Welt, der mit beiden Beinen auf der Erde steht und viel mit gesundem Menschenverstand zu tun hat. Und doch kann das nicht die ganze Wahrheit sein. Die praktischen Einsichten der Weisheitsliteratur befriedigen uns deshalb nicht vollständig, weil uns Gott weit über rein menschliche Weisheit hinausführt. Dennoch ist das Wissen, das durch diese Schriften vermittelt wird, ein wichtiger Ausgangspunkt für ein religiöses Weltverständnis. Wir können mitunter sehen, wie in diesen Büchern göttliche Weisheit durch Menschenweisheit hindurchschimmert. Deshalb haben auch sie ihren legitimen Platz in der Bibel.

Die letzte Hauptabteilung des Alten Testaments enthält die „Propheten": *Jesaja, Jeremia, Klagelieder, Baruch, Ezechiel, Daniel, Hosea, Joel, Amos, Obadja, Jona, Micha, Nahum, Habakuk, Zefanja, Haggai, Sacharja* und *Maleachi.* Jeder der Propheten wurde zu einem ganz bestimmten Zeitpunkt gesandt, um mit Israel zu reden und das Volk zur rechten Gottesbeziehung zurückzurufen. Unter diesen Schriften befinden sich auch Geschichten von Propheten, die historisch wahrscheinlich nie existiert haben. Dennoch hörten die Israeliten, wie Gott sie durch diese Gestalten ansprach, sobald sie sich diese Geschichten vergegenwärtigten. *Jona* und *Daniel* gehören zu dieser Sonderkategorie von Prophetengestalten des Alten Testaments.

Das, was wir „Neues Testament" nennen, besteht aus 27 Büchern, die wahrscheinlich alle bis zum Jahre 100 n. Chr. geschrieben wurde. Gemeinsam verkünden die Schriften des Neuen Testaments jenes neue Wort, das Gott in und durch Jesus Christus, das fleischgewordene Wort, zu Israel und zur ganzen Menschheit gesprochen hat.

Die vier Evangelien nach *Matthäus, Markus, Lukas* und *Johannes* sind uns natürlich besonders vertraut. Es handelt sich dabei nicht um Biographien im modernen Sinn, sondern um vier unterschiedliche Erfahrungen mit Jesus, die jeweils auf einzigartige und originelle Weise niedergeschrieben wurden. Man beachte dabei, daß es Matthäus nicht nötig hat, Lukas einen „Ketzer" zu nennen, weil Lukas Jesus anders sieht, und daß Markus Johannes nicht als „unorthodox" bezeichnet, weil Johannes anders über Jesus redet. Vielmehr berührt jeder dieser Autoren das Geheimnis Jesu an einem ganz spezifischen Punkt und enthüllt so einen Teil jenes Mosaiks, das das Angesicht Christi zeigt.

Gemeinsam laden diese vier Evangelisten ein, eigene Erfahrungen mit dem Wort zu machen, das Jesus heißt. Deine Erfahrung mit Jesus ähnelt der, die sie bewegt hat niederzuschreiben, was sie über Jesus zu sagen haben. Die Evangelisten wollen dich *evangelisieren*, sie laden dich ein, die gute Nachricht in deiner eigenen Erfahrung wiederzuentdecken und gleichsam dein eigenes Evangelium zu verfassen: das Evangelium nach Franz, Willi, Susanne oder Elisabeth.

Die *Apostelgeschichte* ist so etwas wie ein Nachfolgeband zum Lukasevangelium. Man könnte sie mit Recht das „Evangelium des Heiligen Geistes" nennen, die gute Nachricht davon, was Gott tun kann, wenn Menschen ihn in ihr Leben und in ihre Gemeinschaften hineinlassen. Die Apostelgeschichte ruft jene erste Zeit in Erinnerung, als die Jünger die Kraft des auferstandenen Jesus erlebten. Sodann beschreibt dieses Buch, wie die christliche Urgemeinde weiterwächst.

Hierauf folgen die Briefe, die Paulus an die *Römer, Korinther, Galater, Epheser, Philipper, Kolosser, Thessalonicher* und an andere Gemeinden und Einzelgestalten der frühen Kirche geschrieben hat. Paulus war Jesus niemals „im Fleisch" begegnet, aber er war mit ihm „im Geist" verbunden. In dieser Beziehung ähnelt die Erfahrung des Paulus so sehr der unseren, daß uns seine Worte oft ganz unmittelbar betreffen. Das Leben des Paulus ist durch Jesus verwandelt worden. Wir erleben diese Umwandlung mit, an deren Ende Paulus sagen kann, daß nicht mehr er lebt, sondern *Christus* in ihm (Galater 2, 20).

Wir wissen nicht, wer den Brief an die *Hebräer* verfaßt hat, aber das ist unwichtig. Wichtig ist, daß er einen weiteren wesentlichen Aspekt des Jesusgeheimnisses enthüllt. Der Brief des *Jakobus*, die beiden *Petrusbriefe*, die drei *Johannesbriefe* und der Brief des *Judas* sind alle sehr kurz, aber dennoch trägt jeder von ihnen ein weiteres Stück zu dem riesigen Mosaik bei, das uns das Angesicht Christi im Leben seines Leibes, der Kirche, zeigt.

Die Bibel endet mit dem Buch der *Offenbarung*, das auch *Apokalypse* genannt wird. Viele Leserinnen und Leser empfinden die Offenbarung als sehr verwirrend. Dennoch fließt in ihr in gewisser Weise die gesamte Bibel wieder zusammen. Man kann die Offenbarung am besten als das Buch von der Wiederherstellung des Paradieses verstehen. So wie Genesis mit dem Bild eines Gartens begann, kehren wir am Ende zum Garten zurück. In dem Zeitraum zwischen den beiden Gärten erleben wir mit, wie Menschen versuchen, eine Gottesstadt zu errichten, das Königreich Israels aufzubauen, das wahre Jerusalem zu schaffen. Aber am Ende, nach all den Jahrtausenden der Geschichte, nach all dem vergossenen Blut und all den zerfetzten Gedärmen, nach all der Absurdität und Sinnlosigkeit, nach allem Warten und Hoffen sehen wir, daß Gott den Menschen schließlich das neue Jerusalem *schenkt*. Er selbst schafft einen neuen Himmel und eine neue Erde.

Die apokalyptische Einsicht des Offenbarungsbuches lautet: Am Ende ist alles Geschenk. Alles Gute, was wir haben, haben wir empfangen. Es kommt als Geschenk zu uns; und weil es Geschenk ist, hat es die Macht zu erlösen. Nur diese Schenkbeziehung erlöst die Welt. Durch unsere Beziehung als Empfänger zum Geber werden wir selbst befreit.

Deswegen ermutige ich dich: Betrachte, während du diese Worte liest, die Bibel als ein Geschenk an dich. Während du die Kapitel dieses Buches hier liest und während du die Bücher der Bibel liest, erlaube Gott, gut zu dir zu sein. Erlaube ihm, sich an dich zu verschenken, denn durch die Erfahrung seiner Gnade wirst du befreit werden.

Alles ist Gnade. Überall ist Gnade. Das ist vom Anfang bis zum Schluß, von der Genesis bis zur Offenbarung, das Wort, das Gott uns mitzuteilen versucht: daß er selbst ein Geschenk ist – und daß wir lernen müssen, uns beschenken zu lassen.

Wenn wir das einmal begriffen haben, kann nichts mehr so sein wie zuvor.

Zweites Kapitel

Exodus – Glaube als Weg

Der Exodusweg, auf dem Israel wanderte, ist ein Bild für die Lebensreise, die jeder Mensch macht, wenn er aufbricht, um Gott zu folgen. Israel ist gleichsam die personifizierte Menschheit. Was Israel widerfahren ist, widerfährt allen, die sich auf den Weg des Glaubens begeben.

Die Flucht aus Ägypten

Im Buch Exodus steht Ägypten für den Ort der Sklaverei und das verheißene Land für den Ort der Freiheit. Der Weg von Ägypten ins verheißene Land – durchs Rote Meer und kreuz und quer durch die Wüste – symbolisiert unseren eigenen Kampf, um aus der Sklaverei in die Freiheit zu gelangen, jenen Kampf, in den wir unweigerlich verstrickt werden, sobald wir uns entschieden haben, dem Herrn zu folgen. Die Geschichte Israels beschreibt symbolisch unsere eigene Befreiung durch Gott.

Bis wir Exodus als die symbolische Darstellung einer religiösen Wahrheit verstehen, erscheint uns ein Großteil dieses Buches sehr fremd und unwirklich. Die Ereignisse sind entweder schlichtweg unglaublich – oder wir müssen glauben, daß damals alles ganz anders war als heute: Gott wirkte zwar Wunder für die Israeliten, aber er wirkt heute nicht mehr auf diese Weise.

In Wirklichkeit aber hat sich Gott nicht geändert; die Menschen haben sich geändert. Die Israeliten sahen, daß

Jahwe an ihnen handelte. Ihre religiöse Einsicht war in Wirklichkeit das Ergebnis nachträglicher Reflexion: sie dachten über ihre Erfahrung nach und gaben ihr eine neue Deutung. Wir Heutigen dagegen verzichten gewöhnlich darauf, auf vergangene Ereignisse zurückzublicken und Gottes Hand dabei im Spiel zu sehen.

Wenn aus solch einer Rückschau eine Vorschau wird, das heißt, wenn sich daraus die Hoffnung und Erwartung ergibt, daß Gott in der Zukunft dasselbe tun wird, was er in der Vergangenheit getan hat, dann sprechen wir von einer Glaubensvision. Diese Vision ist die Grundlage jedes echten Gottesdienstes.

In der Liturgie vergegenwärtigen wir uns anhand der Schriftlesungen die wunderbaren Taten Gottes und erleben danach in der Eucharistie, daß derselbe Gott hier und jetzt mitten in unserem Leben anwesend ist. Es ist sehr wahrscheinlich, daß die spannende Geschichte vom Exodus in gottesdienstlich-liturgischen Begehungen immer wieder nacherzählt wurde, bevor man sie schließlich niederschrieb. Sie enthält die ältesten Abschnitte der Bibel (zum Beispiel Exodus 15, 1–21).

Die Exodusgeschichten leuchten Menschen nur in dem Maße ein, wie sie selbst bereits aufgebrochen sind und sich auf dem Weg des Glaubens befinden. Wenn man im Geist lebt und auf den Geist hört, kann man diese Geschichten auf das eigene Leben beziehen und sich mit der Erfahrung Israels identifizieren. Ein Mensch, der geistlich wach ist, versteht geistliche Sachverhalte. Wenn man allerdings nur ein soziales Spiel namens Religion betreibt oder ein akademisches Spiel namens Theologie, wird einen das Buch Exodus niemals wirklich betreffen.

Ohne dieses Moment der Umkehr oder zumindest die Sehnsucht nach Umkehr gleichen wir den Menschen, die Jesus so beschrieben hat: „ Ihr habt Augen und seht nicht; ihr habt Ohren und hört nicht" (Markus 8, 18 Lutherüber-

36

setzung). Um die Weisheit der Schrift aufnehmen zu können, müssen wir offen sein für den Heiligen Geist. Wir müssen uns Gott zuwenden und uns von ihm führen lassen. Wir müssen bereit sein, den Exodus, das heißt „Aufbruch" und „Auszug", im eigenen Leben nachzuvollziehen. Wir müssen zulassen, daß uns Gott von der Versklavung zur Freiheit bringt, von Ägypten nach Kanaan – und uns dabei bewußt sein, daß zwischen Ägypten und Kanaan die Wüste liegt.

Die geschichtliche Exodus-Erfahrung, die Flucht der Israeliten aus der Sklaverei in Ägypten, ereignete sich irgendwann zwischen 1300 und 1200 vor Christus. Wir kennen das genaue Datum nicht. Wir wissen nicht einmal, ob die Flüchtlinge alle blutsverwandt waren, ob die Hebräer also wirklich ein „Volk" waren. Viele Bibelgelehrte vertreten die Ansicht, daß es sich um ein Zweckbündnis von landlosen und rechtlosen Zwangs- und Fronarbeitern gehandelt hat – man nannte solche Leute im damaligen Orient „Hebräer" –, die gemeinsam versklavt waren. Erst die Exodus-Erfahrung machte aus ihnen ein Volk und gab ihnen eine gemeinsame Identität. Aufgrund des Glaubens eines einzelnen Mannes wurden sie aus Ägypten geführt; dieser Mann war Mose.

Wer war dieser Mose?
Er war anscheinend hochgebildet und hatte es in Ägypten zu einem gewissen Ansehen gebracht, obwohl er wahrscheinlich kein Ägypter war. Am Anfang des Exodusbuches lesen wir, er hätte einen Mord begangen. Als er beobachtete, wie ein Sklaventreiber einen der Sklaven mißhandelte, brachte er den Peiniger um und verscharrte die Leiche im Sand. Als die Sache aufflog, flüchtete er außer Landes. Wenige Jahre später machte er eine „religiöse Erfahrung", wie wir heute sagen würden. Er fühlte sich dazu berufen, nach Ägypten zurückzukehren, um die unterdrückten und versklavten Hebräer zu befreien.

37

In der Mosegeschichte taucht ein Muster auf, das in der Bibel immer wiederkehrt: Gott bewegt eine Einzelperson dazu, auf ihn zu hören, und benutzt dann diese Person, um sein Volk auf dem Weg des Glaubens voranzubringen. Es stellt sich heraus, daß Mose kein guter Redner ist. Er stottert und fürchtet, das Volk könnte ihn auslachen. Aber Gott benutzt in der Regel scheinbar ungeeignete Individuen als seine Werkzeuge. Er erwählt unscheinbare, gewöhnliche und bisweilen sogar verachtenswerte Menschen (vgl. 1 Korinther 1, 28), damit sie sich nicht selbst rühmen können. Sie wissen nur allzu gut, daß sie es nicht selber schaffen; der Herr ist es, der durch sie wirkt.

So ist Mose am Anfang ein gesuchter Verbrecher auf der Flucht, der noch dazu eine Sprachbehinderung hat. Aber Gott hat gerade ihn herausgegriffen. Diese Gotteserfahrung wird durch die Geschichte vom brennenden Dornbusch symbolisiert. Gott strahlt Energie aus und ist lebendig, er ist ein Feuer, das brennt und sich doch nicht verzehrt, eine Flamme, die niemals erlischt (Exodus 3, 1 ff). Nachdem sich Gott offenbart hat, nennt er die Aufgabe, zu der er Mose erwählt hat: „Ich sende dich zum Pharao. Führe mein Volk, die Israeliten, aus Ägypten heraus!" (Exodus 3, 10).

Mose sträubt sich und fragt Gott, wie in aller Welt er das schaffen soll. Gott antwortet: „Ich bin mit dir". Er sagt Mose nicht, wie er es anfangen soll, er gibt ihm weder detaillierte Anweisungen noch einen Zeitplan.

So ist es jedes Mal in der Bibel. Gott sagt ganz einfach: „Ich bin bei dir!" – und das ist alles. Damit sagt Gott: „Ich werde es tun. Vertrau mir nur!" Nicht mehr als das. Die Kraft des Mose ist Gottes Beistand; Anweisungen kommen erst, während er bereits unterwegs ist. Das wird sich wiederholen, wenn die Hebräer später die Wüste durchqueren. Dieses Muster gilt noch heute für jeden Menschen, der glaubt. Das Ganze hat eine gewisse Schlagseite

38

in Richtung Risiko und Aktion. Wo diese Schlagseite fehlt, wird der Glaube nebulös und selbstbezogen, wie das bei einem Großteil dessen der Fall ist, was man „Religion" nennt.

Mose geht das Wagnis ein. Alles, was ihm Gott gegeben hat, ist ein Versprechen. Aber Mose handelt auf dieses Versprechen hin. Ein Mensch des Glaubens ist jemand, der erwartet, daß das Versprechen eingelöst wird; „Geschichte" ist für solche Menschen die Zeitspanne zwischen Verheißung und Erfüllung. Solch ein Mensch ist ganz und gar abhängig von der Verheißung. Er horcht und wartet, hofft und vertraut – und handelt! Das erfordert ein Maß an Selbstdisziplin, wie es die Welt sonst nicht kennt. Dieser Weg ist schmal, wie Jesus sagt, und nur wenige wollen ihn einschlagen (Matthäus 7,14). Das ist der Weg des Glaubens.

Auf Grund dieser Verheißung sagte Mose dem Volk, daß es befreit würde. Warum sollten sie ihm das glauben? Weshalb sollten sie annehmen, daß dieser Mann sie aus der Sklaverei in die Freiheit führen könnte? Aber er redet und betet mit ihnen so lange, bis das Volk tatsächlich überzeugt ist:

„Da glaubte das Volk, und als sie hörten, daß der Herr sich der Israeliten angenommen und ihr Elend gesehen hatte, verneigten sie sich und warfen sich vor ihm nieder" (Exodus 4,31).

In dieser Episode erleben wir die klassische Reaktion auf die gute Nachricht: Wenn wir die Botschaft von Gottes Liebe zum ersten Mal hören, wollen wir es nicht glauben; später, wenn wir anfangen, daran zu glauben, sieht es zunächst so aus, als ob damit alle unsere Probleme schlagartig gelöst sind. Die Annahme dieser Vision ist von einer Woge der Energie begleitet. Es scheint zunächst so, als ob jetzt nichts mehr dazwischenkommen und nichts mehr uns bremsen kann.

Aber in Wirklichkeit kann und wird das natürlich geschehen. In dieser Geschichte besteht das Hindernis in der Verstockung des Pharao und im Sicherheitsinteresse des bestehenden Systems. Aber Mose tritt dem etablierten Bösen mit der Kraft und dem Widerstand Gottes entgegen. In Exodus 7–10 hören wir von den zehn Plagen, die Jahwe über Ägypten kommen läßt, einschließlich der letzten, die den Pharao schließlich dazu bewegt, die Hebräer in die Freiheit zu entlassen.

Heutige Bibelgelehrte gehen davon aus, daß die Geschichten von den Plagen wahrscheinlich auf Naturereignisse zurückgehen. Beispielsweise kam es alljährlich zu Nilüberschwemmungen; das Land wurde dann regelmäßig von riesigen Froschschwärmen heimgesucht. Ähnliche Erklärungen lassen sich für die rote Verfärbung des Wassers und für die meisten anderen Plagen finden. Trotzdem: aus der Perspektive des Glaubens wurden selbst diese Naturphänomene zu Ereignissen, die Gott benutzte, um die Hebräer aus Ägypten zu befreien. Als diese Geschichten Jahrhunderte später aufgeschrieben wurden, waren sie natürlich durch fortwährendes Erzählen und Nacherzählen ausgeschmückt worden. Dennoch bleibt als Kern die unleugbare Tatsache erhalten: Einige Sklaven des mächtigsten Imperiums der Antike erlebten, wie sie frei wurden. Gott hat die Unterdrückten befreit! Das war in sich selbst das eigentliche Wunder, und die Geschichten von den Plagen dienten dazu, die Wunderhaftigkeit der damaligen Ereignisse zu unterstreichen.

Dasselbe kann man über den Durchzug der Israeliten durchs Rote Meer sagen, „während rechts und links von ihnen das Wasser wie eine Mauer stand" (Exodus 14, 22 b). Ob es sich genau so oder anders verhalten hat, ist nicht entscheidend. Es könnte so passiert sein, aber unser

40

Glaube basiert nicht darauf, daß solche und ähnliche Abschnitte der Bibel buchstäblich wahr sind. Das wäre wiederum Fundamentalismus, ein Glaube an Wörter anstatt an eine Person. Israels Glaube war Glaube an den Herrn; unser Glaube ist es ebenso.

Wissenschaftliche Untersuchungen deuten darauf hin, daß die flüchtenden Hebräer wahrscheinlich das „Schilfmeer" überquerten, ein sumpfiges Gelände am nördlichen Rand des Roten Meeres. Während die Ausreißer-Sklaven zu Fuß durchkamen, versanken die Ägypter mit ihren schweren Kriegswagen im Moor. Wichtig ist dies: als die Hebräer die andere Seite des Sumpfes (oder was immer es war) erreichten, waren sie frei, während die Ägypter stekkengeblieben waren. Die Hebräer gingen davon aus, daß Jahwe ihre wundersame Flucht bewerkstelligt hatte. Vielleicht wurde deshalb das Wunder immer größer, als die Geschichte von Generation zu Generation weitererzählt wurde – bis das Wasser auf beiden Seiten eine sieben Meter hohe Mauer bildete.

Das alles bedeutet nicht, daß wir nicht glauben, daß die Bibel Gottes Wort ist. Wir glauben, daß Gott die Israeliten geliebt und sie in allen Lebenslagen befreit hat. Wir glauben, daß es dies ist, was die Bibel sagt, und daß der Rest durchaus Ausschmückung sein kann. Wir glauben, daß dies das Wort ist, das immer und ewig wahr bleibt. Es ist heute genauso wahr wie damals. Gott liebt und befreit uns fortwährend (und zwar in mehr Bereichen und auf mehr Weisen, als wir gewöhnlich erwarten!).

Manchmal erkennen wir erst im Rückblick, daß Gott uns gerettet hat. Manchmal sehen wir Gottes Vorsehung erst, wenn wir die Vergangenheit Revue passieren lassen. Als wir diese Jahre durchlebten, erschien uns keines von ihnen sonderlich glorreich. Aber in der Retrospektive sehen wir plötzlich, daß Gott uns geführt hat, erblicken wir seine Herrlichkeit in unserem Leben, erkennen wir die Schönheit seiner rettenden Liebe.

Solange wir mittendrin stecken, ist oft von Schönheit keine Spur. Alles sieht so stinknormal aus. Gewöhnlich können wir nicht mit Sicherheit behaupten, daß Gott in unserem Leben am Werk ist. Der Weg des Glaubens ist kein gesicherter Weg.

Ich kann mir sehr gut vorstellen, daß Mose gelegentlich schwankend geworden ist. Er muß immer wieder Zweifel bekommen haben, ob Gott ihn wirklich führte oder ob er sich nur auf einem ausgewachsenen Egotrip befand. Hätte Mose ständig sichtbare Erscheinungen gehabt oder hörbare „Stimmen" empfangen, die ihm die absolute Sicherheit gegeben hätten, daß er recht hat, wäre der Weg des Mose kein Weg des Glaubens gewesen. Es wäre ein Weg des Wissens gewesen.

Wir alle sind dazu berufen, einen Weg des Glaubens zu gehen. Bei jedem neuen Schritt bittet Gott uns, ihm zu vertrauen, ja zu sagen zu ihm, unser Leben in seine Hände zu legen. Es ist, als ob man in einem stockfinsteren Zimmer umherläuft und ständig Angst hat, irgendwo anzurempeln oder zu stolpern oder hinzufallen. Wir strecken die Arme aus und tasten uns vorwärts. Wir sehnen uns verzweifelt danach, daß jemand Licht macht. Wir wollen wissen, wohin wir gehen und wie wir am besten dorthin kommen. Aus dem Dunkel hören wir eine Stimme, die uns um Vertrauen bittet. Wir wollen Sicherheit, aber statt dessen bittet uns Gott zu glauben.

Wir glauben an Gott. Wir vertrauen ihm und nicht unserer Intelligenz oder unseren Plänen, unserer Stellung oder unserem Kapital. In der Dunkelheit sind alle unsere Sicherheiten dahin. In der Wüste werden uns alle falschen Götter genommen. Die Dunkelheit, die Wüste: das ist der Ort, wo wir lernen, von Gott ganz und gar abhängig zu sein; das ist die Schule der Hingabe.

Oft erleben wir den Glauben in seiner reinsten Form, wenn wir mitten im Leid stecken. Diejenigen, die am Anfang des Glaubenslebens stehen, malen sich mitunter aus, wie sie für ihren Herrn leiden und ruhmreiche Martyrer werden. In Wirklichkeit hat das Ganze absolut nichts Großartiges, wenn man mitten drin steckt. Es sieht völlig sinnlos aus; das ist geradezu der Kern dieses Leidens. Das Wesen der Wüstenerfahrung liegt darin, daß man raus will! Wenn man darin irgendeine Struktur erkennen könnte, hätte das alles ja irgendeinen Sinn. Wenn man herausfinden würde, welchen Zweck das Ganze hat, hätte man auch eine gewisse Orientierung. Aber das alles geschieht gerade nicht, und deshalb leidet man.

Die Wüstenwanderung

Die Israeliten irrten 40 Jahre lang in der Wüste Sinai umher. Sie liefen immer wieder im Kreis und schienen nirgendwohin zu kommen. Ab und zu fanden sie eine Oase, einen Moment der Erleichterung, einen Platz zum Leben. Dann wollten sie sich natürlich niederlassen und dableiben, aber Mose sagte immer wieder: „Zieht die Zeltpflöcke wieder raus. Wir ziehen in ein neues Land. Dort drüben ist es, ich verspreche es euch!" Man kann verstehen, daß das Volk dagegenhielt: „Warum sollen wir dir glauben? In Ägypten war es besser; da hatten wir wenigstens drei ordentliche Mahlzeiten am Tag. Hier haben wir nichts."

Die Versuchung für uns alle, die wir uns auf den Weg des Glaubens machen, besteht darin, wieder kehrtzumachen. Irgendwann sagen wir uns: „Es war leichter in der alten Sklaverei. Es war leichter, an Sünden und Lügen zu hängen. Es war leichter, ein stinknormales Mittelklasse-Leben zu führen als auf dem Weg des Glaubens zu sein."

Wir würden genauso gerne nach Ägypten zurückkehren wie damals die Israeliten. Aber Gott fordert uns mitten in der Finsternis auf, an das zu denken, was wir einst im lichten Moment gesehen haben.

Oftmals gewährt uns Gott in solchen Zeiten und inmitten der Wüste einen Augenblick der Verklärung, einen Sinai-Augenblick, wie Mose ihn erlebt hat. Das kann für uns wie für ihn damals ein Augenblick der Gnade sein, eine religiöse Erfahrung, in der Gott jenseits aller Zweifel wirklich da ist. Aber jedesmal müssen wir nach einer Weile vom Berggipfel herabsteigen und weiter durch die Wüste wandern. Schon nach einigen Tagen oder Wochen verblaßt das Höhenerlebnis. Wir fragen uns, ob das alles bloß Einbildung war und fangen an, unsere eigene Erinnerung an das in Zweifel zu ziehen, was wir kurz vorher erlebt haben. Genau das taten auch die Israeliten, und Mose muß sie immer wieder daran erinnern, daß Gottes Liebe keine Illusion ist.

Dann beschwert sich das Volk, daß es Hunger hat: „Wenn Gott wirklich da ist, warum gibt er uns nichts zu essen?" So betet Mose zu Gott, und Gott antwortet: „Ich werde sie ernähren. Aber ich werde ihnen immer nur Nahrung für einen einzigen Tag geben. Ich werde Manna vom Himmel regnen lassen, aber sie sollen nur so viel auflesen, wie sie für diesen einen Tag brauchen." Wieder begegnet uns die grundlegende Lektion der Wüste: Gott will, daß wir ihm fortwährend vertrauen, Tag für Tag.

Natürlich weigern sich einige Israeliten, diese Lektion zu lernen. Sie wollen das Manna horten und für den nächsten Tag aufbewahren. Aber Gott sagt: „Nein! Nehmt nur genug für den heutigen Tag! Ich werde euch jeden Tag Nahrung geben." Jesus hatte genau das im Sinn, als er uns lehrte zu beten: „Unser tägliches Brot gib uns *heute*!"

Wie uns das gegen den Strich geht! Wir wollen immer für die Zukunft planen, wir wollen Vorsorge für uns treffen. Aber Gott lädt uns ein, die Sorge um das Morgen loszulassen, die Kontrolle aufzugeben und ihm nicht nur Tag für Tag, sondern Minute für Minute zu vertrauen.

Das Volk, das zusammen mit Mose in die Wüste aufbrach, fühlte sich – vielleicht zum ersten Mal – zusammengehörig und stark. Man sollte meinen, sie würden im Lauf der Wanderung weiterhin gestärkt werden. Aber das Gegenteil ist der Fall. Statt dessen erlebten sie Schwäche und Überdruß. Es kam zu Streit und Parteibildung. Sie merkten, daß sie nicht so einig und stark waren, wie sie ursprünglich meinten.

Wie oft passiert uns dasselbe! Wenn uns alle unsere Götzen genommen werden – unsere Absicherungen, Abwehrmechanismen und bewährten Erklärungen –, finden wir heraus, wer wir wirklich sind. Wir sind so klein, arm und leer! In der Wüste nimmt uns Gott unsere Götzen, und wir müssen arm und demütig vor ihn kommen. Bei dieser Begegnung entdecken wir, wer wir sind und wer Gott für uns ist. Dann können wir Gott erlauben, unser Heil zu sein. Das ist nicht unser Werk, sondern seines – von Anfang bis Ende.

Thomas Merton bemerkte einmal, daß es viele Menschen gibt, die aus Ägypten aufbrechen. Aber nur wenige von ihnen erreichen das Gelobte Land. Die meisten von uns machen schon wieder Halt, sobald wir das Rote Meer überquert haben, weil wir Angst davor haben, durch die Wüste zu wandern. Viele Christen sind durchs Meer gegangen, durchs Wasser der Taufe, aber jetzt sitzen wir hier am Rande der Wüste. Wir haben erlebt, daß wir von Gott abhängig sind, aber wir wollen nicht völlig abhängig von ihm sein – jedenfalls nicht, wenn damit irgendein wirkliches Risiko für uns verbunden ist. Es sieht so aus, als ob wir nur ein gewisses Maß von Echtheit verkraften.

Kurz bevor sie das Meer überschritten, versicherte Mose den Israeliten, daß sie vor nichts Angst zu haben

45

bräuchten. Und er sagte ihnen, welche Konsequenz es für sie hätte, wenn sie sich wirklich Gott ausliefern würden:

„Fürchtet euch nicht! Bleibt stehen und schaut zu, wie der Herr euch heute rettet. Wie ihr die Ägypter heute seht, so seht ihr sie niemals wieder. Der Herr kämpft für euch. Ihr aber könnt ruhig abwarten" (Exodus 14, 13–14).

Heute richten sich dieselben Worte an uns: Wir müssen die Furcht loslassen, still werden und Gott Gott sein lassen. Der Herr wird für uns kämpfen und uns den Sieg geben. Unsere Aufgabe besteht nur darin, ruhig abzuwarten und ihm den Kampf zu überlassen. Wie die Israeliten müssen auch wir abrüsten, Schwert und Schild und Panzer niederlegen und unseren Starrsinn aufgeben.

Als sie das andere Ufer des Roten Meeres erreicht hatten, sangen Mose und die Israeliten dem Herrn folgendes Lied:

Ich singe dem Herrn ein Lied,
denn er ist hoch und erhaben.
Rosse und Wagen warf er ins Meer.
Meine Stärke und mein Lied ist der Herr,
er ist für mich zum Retter geworden.
Er ist mein Gott, ich will ihn preisen;
den Gott meines Vaters will ich rühmen.
Der Herr ist ein Krieger,
Jahwe ist sein Name (Exodus 15, 1–3).

Eines an diesem frühen liturgischen Gesang ist bemerkenswert: er ist reiner Lobpreis. Er verkündet von Anfang bis Schluß Gottes Lob. Im Kontrast dazu fehlt in unseren modernen kirchlichen Liturgien solch enthusiastisches Gotteslob fast völlig. Wir fühlen uns unwohl, wenn Gefühle derartig zur Schau gestellt werden. Das paßt nicht zu unserem Selbstbild als wohlerzogene und aufgeklärte

46

Menschen. Wir lehnen das ab. Wir bekämpfen es. Wozu, fragen wir, sollte Gott unseren Lobpreis brauchen?

Die Antwort lautet selbstverständlich, daß er ihn tatsächlich nicht braucht. Gott zu loben ist nicht deshalb gut, weil Gott es nötig hat, sondern weil es einfach schön ist. Die wahrhaft wundervollen Dinge im Leben sind nicht die Notwendigkeiten, sondern die zweckfreien Geschenke. Das schönste passiert im völlig zweckfreien Austausch zwischen Liebenden. Inmitten der Hingabe ereignet sich Liebe. Im Umfeld der Hingabe ereignet sich Gnade.

Diejenigen, die fragen, ob Gott unser Lob braucht, könnten genausogut fragen, ob Gott überhaupt unsere Gottesdienste braucht. Gott hat es nicht nötig, daß wir am Sonntagmorgen in der Kirche sind. Gott ist nicht glücklicher, wenn wir unsere 45 Minuten abgesessen haben. Unser Gottesdienst verändert Gott nicht und soll es auch gar nicht. Gottesdienst, vor allem eucharistischer Gottesdienst, soll eine Zeit gegenseitiger Hingabe sein, eine Zeit, in der wir schenken und beschenkt werden, eine Zeit, in der wir unsere Sehnsucht miteinander teilen.

Am Sonntag kommen wir zusammen, nachdem wir die ganze Woche lang unser Leben verschenkt haben, um das Geschenk des Lebens zu feiern. Wir schenken uns symbolisch dem Herrn, schenken unsere Selbstbezogenheit her, indem wir unsere Schwachheit bekennen, schenken ihm unsere Aufmerksamkeit, indem wir nach seinem Wort hungern, erkennen in Brot und Wein, wie gebrochen und verschüttet so vieles in unserem Leben ist. Im Gegenzug verschenkt sich Gott an uns, er schenkt uns seine heilende Vergebung, er schenkt uns die Weisheit seines Wortes, er macht uns seine persönliche Anwesenheit in der Eucharistie zum Geschenk und befreit uns für das ganze Leben.

In diesem gegenseitigen Austausch geschieht etwas unvergleichlich Schönes und Kostbares, etwas Menschliches, was zugleich göttlich ist. Wenn das nicht geschieht, geschieht gar nichts. Wenn das nicht geschieht, langweilt man sich zu Tode. Wenn das nicht geschieht, ergeben die Worte der Liturgie für dich keinen Sinn, und Gottesdienst ist nichts als ein totes Ritual.

Es gibt keinen Ersatz dafür, sein Leben Gott anzuvertrauen und die Gegenwart und die Zukunft in seine Hände zu legen. Streitereien über äußere Gottesdienstgestaltung sind kein Ersatz für den inneren Gottesdienst. Man kann versuchen, Leute mit audiovisuellen Medien, Gitarren, Prozessionen oder sonst irgend etwas „anzumachen", aber man ist naiv, wenn man solche Mätzchen um ihrer selbst willen betreibt. Echter Gottesdienst wird vom Glauben inspiriert und nicht von Firlefanz.

Das ist zum Teil der Sinn der Geschichte vom goldenen Kalb, die etwas später in der Exodusgeschichte vorkommt. Die Israeliten verlieren den Kontakt mit Gott, deshalb schaffen sie einen Ersatz, der ihnen hilft, religiöse Gefühle zu kultivieren. Sie beten etwas an, was nicht Gott ist. Sie begeistern sich sogar dafür. Aber in Wahrheit haben sie den Kontakt mit Gott verloren; ihre Begeisterung für das goldene Kalb bemäntelt nur die Tatsache, daß gar keine echte Begegnung zwischen Gott und Mensch stattfindet.

Aber ich greife voraus. Wir haben die Israeliten am Ufer des Roten Meeres verlassen. Zu diesem Zeitpunkt sind sie sich der Gegenwart und der Macht Gottes zutiefst bewußt. Sie sind hauteng an der Tatsache „dran", wer sie gerettet hat und wie es zu dieser Befreiung kam. So kommt es, daß von den Israeliten – nachdem sie die Niederlage der Ägypter erlebt haben und den Sieg, den ihnen Gott geschenkt hat – gesagt wird: „Sie glaubten an den Herrn und an Mose, seinen Knecht" (Exodus 14, 31). Man beachte, daß es nicht nur heißt, daß sie Gott vertraut haben; sie glaubten an Gott *und* an ein menschliches Wesen wie sie selbst.

Auch das ist heutzutage genauso. Gottvertrauen und Vertrauen, das wir in andere Menschen setzen, gehören zusammen. „Gott und ich" reicht nicht aus. Unsere Beziehung zu Gott lehrt uns, andere zu lieben und ihnen zu vertrauen. Umgekehrt stimmt es auch, daß das Vertrauen zu unseren Mitmenschen die Fähigkeit fördert, an Gott zu glauben. Beide Arten des „Glaubens" wirken zusammen; in ihrem Zusammenwirken machen sie uns zu einer Gemeinschaft. Deshalb reden wir auch von Glaubensgemeinschaft und nennen unser gemeinsames Leben Glaubensleben.

Das Glaubensleben einer Gemeinschaft gründet auf Liebe und Vertrauen. In einer christlichen Gemeinschaft gründet es auf der Treue zu Gott und zu denen, mit denen wir das Glaubensleben teilen. Mit der israelitischen Gemeinschaft verhielt es sich nicht anders. Auch sie mußten treu bleiben, um eine Gemeinschaft und ein Volk zu sein. Die Zehn Gebote, die sich in Kapitel 20 des Buches Exodus finden, schildern im wesentlichen, wie diese Treue der Israeliten gegenüber Gott und untereinander aussehen sollte.

Die Zehn Gebote

Wenn man das ganze Exodusbuch durchliest, stößt man auf weit mehr als zehn Gebote. Der „Dekalog", wie die Zehn Gebote auch genannt werden, faßt all diese unzähligen Bestimmungen zusammen; selbst diese Zehn Gebote können nochmals auf zwei reduziert werden, wie es Jesus getan hat: Liebe zu Gott und Liebe zum Mitmenschen, bzw. Treue gegenüber Gott und Treue gegenüber anderen. Diejenigen, die die ersten drei Gebote akzeptieren, sagen damit, daß sie bereit sind, dem Herrn über alle Dinge zu vertrauen. Die, die die restlichen sieben Gebote akzeptieren, erklären, daß sie einander vertrauen wollen.

Schon das erste Gebot enthält gewissermaßen alle zehn: „Ich bin der Herr, dein Gott. Du sollst neben mir keine anderen Götter haben." Aus der Sicht der Bibel ist Götzendienst die einzige wirkliche Sünde. Götzendienst bedeutet, etwas zu Gott zu machen, was nicht Gott ist. Anders ausgedrückt: die biblische Bedeutung von Sünde ist Treulosigkeit gegenüber der Realität – und das heißt, Treulosigkeit gegenüber Gott.

Wenn das wirklich der Fall ist, nehme ich an, daß sich viele Menschen niemals eine Sünde zuschulden haben kommen lassen, jedenfalls nicht nach dem biblischen Verständnis des Begriffs. Man kann nicht die Treue in einer zwischenpersonalen Beziehung brechen, bevor man diese Beziehung hat. Traurigerweise gibt es viele Menschen, die sich nie auf eine persönliche Gottesbeziehung eingelassen haben. Sie haben nie am eigenen Leib erlebt, daß Gott sie liebt, noch haben sie selbst jemals Gott geliebt; so kann auch von ihrer Seite her von einem Treuebruch nicht die Rede sein.

Damit ist nicht gemeint, daß solche Menschen keine Fehler machen. Menschen machen vieles, was falsch und schlecht ist. Eventuell tun sie sich selbst und der Welt viel Böses an. Aber das Böse tendiert von Natur aus dazu, sich selbst zu rächen, so wie Gutes seine Belohnung in sich selbst trägt. Menschen, die Böses tun, erfahren in der Regel die Konsequenzen ihres Handelns am eigenen Leib. Aber ich bezweifle, daß die meisten Menschen jemals im strengen biblischen Sinne „sündigen".

Wir sind – ebenso wie damals Israel – zu einer personalen Gottesbeziehung berufen. Weil Israel in seiner Beziehung zu Jahwe treulos war, verglichen die Propheten seine Sündhaftigkeit mit Prostitution. Sie nannten Israel eine

Hure, weil Israel die Liebe des Herrn bereits erfahren und sich dennoch von ihm abgekehrt hatte. Wenn wir uns nicht in Gott verlieben, können wir auch nicht sündigen. Aber sobald wir Gottes Liebe zu uns erfahren haben und kennen, sind wir fähig zu sündigen. Diese personale Beziehung bringt eine neue Verantwortung mit sich. Wir haben das Recht, von Gläubigen mehr zu erwarten als von Ungläubigen.

Eine weitere Dimension dieser personalen Beziehung wird vom dritten Gebot entfaltet, das uns auffordert, den Tag des Herrn zu halten. Die Israeliten wurden beauftragt, am siebten Tage jeder Woche auszuruhen. Alles sollte pausieren; niemand sollte arbeiten. Gott wollte ihnen dadurch zeigen, daß ihre eigentliche Lebenskraft von ihm kam. Einen Tag pro Woche, ein Siebtel ihrer Zeit, sollten sie bei ihrem Gott zur Ruhe kommen. Der Sabbat war ein Tag, der ausgesondert wurde, damit sie voller Freude ihre Abhängigkeit von Gott feiern konnten, wie der Psalm sagt: „Dies ist der Tag, den der Herr gemacht hat; wir wollen jubeln und uns an ihm freuen" (Psalm 118, 24).

Die Sabbatruhe ist Gottes Weise, uns zu sagen, daß er unsere eigentliche Lebenskraft ist. Damit sagt er de facto: „Hört wenigstens einen Tag pro Woche auf, Leistungen zu bringen, euch abzustrampeln und irgendwelchen Zielen nachzujagen. Überlaßt wenigstens an einem Tag pro Woche das Schaffen und Erhalten mir." Das ist der wirkliche Sinn des dritten Gebots: Freiheit von unserer Eigenmächtigkeit. Das hat nichts mit Reglementierungen zu tun, welche Arbeiten man sonntags erledigen darf und welche nicht. Die jahrhundertelange gesetzliche Auslegung dieses Gebotes verstellte das Verständnis für sein eigentliches Anliegen.

Wenn wir die restlichen sieben Gebote näher betrachten, bemerken wir, daß sie alle mit zwischenmenschlichen Beziehungen zu tun haben. Es handelt sich um die

Minimalforderungen für das Zusammenleben, wenn Menschen wirklich eine Gemeinschaft oder ein Volk sein wollen. Kinder sollen ihre Eltern achten und ihnen gehorchen. Verheiratete sollen Ehebruch vermeiden. Keinem kann erlaubt werden, mordend und stehlend durch die Gegend zu laufen. Alle sind zu Ehrlichkeit und Wahrhaftigkeit verpflichtet. Wir müssen unsere Begierde nach immer mehr drosseln. Mit anderen Worten: Alle müssen sich gegenseitig und der Gemeinschaft vertrauen. Vertrauen ist die Grundlage der Gemeinschaft, Treue ist die Grundlage der Einheit.

Diese sieben Moralvorschriften enthalten die Grundlagen der Ethik, die von den meisten Völkern zu allen Zeiten beachtet wurden. Die Israeliten jedoch wußten, daß diese ethischen Forderungen von Gott stammen; sie wußten: wenn sie diese Worte außer acht lassen, sind sie unfähig, das tiefere Wort in sich zu vernehmen.

Nachdem die Israeliten von Gott die Zehn Gebote als Lebensregel empfangen hatten, brachen sie abermals auf zur Wanderung durch die Wüste. Jahwe war immer dabei, in einer Feuersäule bei Nacht und in einer Wolkensäule bei Tag. Er führte sie zum verheißenen Land, aber dennoch wußten sie nicht, wohin sie gingen. Sie mußten Gott vertrauen. Es war eine Reise ins *Ungewisse.*

Zusätzlich mußten sie sich auf das göttliche Timing verlassen. Wenn sich die Säule bewegte, bewegten auch sie sich. Wenn die Säule anhielt, hielten auch sie an und marschierten nicht weiter, bis Gott sie weiterführte. Dabei kam es verständlicherweise zu Frustrationen.

Auch wir wollen aus der Wüste heraus. Wir wollen immer die Zeit abkürzen und es hinter uns bringen. Aber wir können den Weg des Glaubens nicht beschleunigen. Wir müssen uns auf das Timing Gottes einstellen und wandern, wie Gott uns führt.

Ein Bild des Glaubens

Das Buch Exodus gibt uns viele Bilder des Glaubens an die Hand: den Durchzug durchs Rote Meer, den Weg durch die Wüste, die Orientierung an der Feuersäule. Es gibt ein weiteres Bild, das uns einen Begriff davon vermitteln kann, worum es beim Glauben geht. Obwohl es nicht aus der Bibel stammt, fängt es doch den Kern des biblischen Glaubensverständnisses ein:

Stell dir einen Steintisch vor und daneben einen fliegenden Teppich. Der Tisch ist massiv; seine Beine sind stark. Der Teppich bewegt sich auf gleicher Höhe wie die Tischplatte, aber er hat keine Stütze von unten. Du schaust den Tisch an, du schaust den Teppich an, und Gott sagt: „Komm rauf!"

Der Tisch sieht stabil aus. Da weißt du, worauf du stehst, du kennst die Ecken und Kanten, du bist sicher, daß du nicht runterfällst. Deshalb bewegst du dich selbstverständlich in Richtung Tisch. Aber Gott sagt: „Nein, hier rüber!"

„Da rauf?", fragst du. „Woher weiß ich, daß mich der Teppich trägt?"

Gott aber besteht darauf: „Ich sage dir, komm hier rüber!"

„Aber Herr", protestierst du, „da gibt es keinen Halt. Woher weiß ich, daß ich nicht runterfalle?"

Der Herr versichert dir: „Ich habe dich gerufen, und ich trage dich. Ich bin es, der dich halten wird."

Schließlich gibst du, wenn auch zögernd, nach.

„Also gut Herr, wenn du es sagst ..."

Und so machst du die Probe aufs Exempel. Du drückst den Teppich nieder, und es scheint so, als ob er ein bißchen nachgibt. Aber er sinkt nicht völlig zu Boden. So nimmst du all deinen Mut zusammen und kletterst auf den Teppich.

Plötzlich schwebst du! Du fühlst dich so lebendig! Jetzt weißt du ganz sicher, daß Gott dich liebt. Du kannst deine Freude fast nicht aushalten. „Menschenskinder, lieber Gott! Warum habe ich dir nicht geglaubt? Hätte ich früher auf dich gehört, hätte das neue Leben früher begonnen! Ich hätte schon längst begriffen, was Leben heißt! Also, vielen Dank, lieber Gott!"

Aber dann wird es etwas windig. Du fragst dich, was denn jetzt los ist. „Herr, laß das aufhören!", bettelst du. Aber Gott läßt es nicht aufhören.

Der Wind wird heftiger, und du beginnst dich zu fragen, ob du wirklich so sicher bist. Du siehst dich um und merkst, daß der Herr nach und nach die Fäden aus dem Teppich zieht!

Mit einem Satz springst du auf den Steintisch und fühlst dich augenblicklich wesentlich sicherer. Aber dann hörst du, daß Gott ruft: „Was machst du denn da drüben? Ich dachte, du wolltest mir vertrauen. Hast du nicht gesagt, du würdest alles verlassen und mir folgen?"

„Ja schon, aber ..."

„Also, dann vertrau mir auch! Laß mich alles wegnehmen, was du zu brauchen meinst. Ich will dir Freiheit schenken. Ich will ein neues Geschöpf aus dir machen. Aber du mußt mir glauben. Du mußt glauben, daß ich das tun kann."

„Tu ich ja", verteidigst du dich. „Aber könntest du wenigstens aufhören, die Fäden rauszuziehen!?"

Demütig kletterst du auf den Teppich zurück. Wieder erlebst du die Aufregung. Wieder spürst du den Wind. Wieder schaust du dich um – und – hast du's nicht gleich gewußt? Wieder macht sich der liebe Gott am Teppich zu schaffen und zieht die Fäden raus.

Da hast du's! Der Teppich wird immer fadenscheiniger. Der Wind wird immer stürmischer. Der Steintisch sieht so sicher aus. Du beginnst zu verhandeln: „Herr, warum kann ich nicht da drüben stehen? Ich wäre noch immer ein guter Christ. Ich würde auch die Gebote nicht brechen. Ich würde jeden Sonntag zur Kirche gehen. Ich würde in Zukunft mehr Geld für die Armen spenden. Aber das hier ist mir doch zu gruselig."

Aber Gott läßt dich nicht aus. „Vertrau mir nur!" sagt er. „Da drüben ist nichts los. Hier spielt die Musik. Hier ist das Leben. Ich will deine Freude sein, ich will deine Hoffnung sein. Ich will dir alles geben, was du wirklich brauchst."

„In Ordnung, Gott", sagst du. Die Zeit läuft weiter, und du siehst, wie Gott weiterhin einen Faden nach dem anderen aus dem Gewebe löst – bis nichts mehr übrig ist als Gott selbst.

Genau das wollte Gott dich erleben lassen. Genau das mußtest du am eigenen Leib erfahren. Es war nicht die Kraft des Teppichs, die dich trug. Es war Gottes Kraft.

Am Ende erlebst du, daß du all das, was du zu verlieren meintest, im Überfluß bekommst – 30-, 60-, 100fach, wie das Evangelium sagt, ein „gerüttelt Maß" (Lukas 6, 38 in der Lutherübersetzung).

Die Erfüllung, die Gott schenkt, übertrifft immer unsere wildesten Erwartungen. Gott läßt sich in puncto Großzügigkeit nicht ausstechen. Was immer wir loslassen, wird uns vielfältig erstattet werden. Aber wir wissen das nicht – außer im nachhinein. Wenn wir am Anfang des Glaubensweges stehen, wissen wir das alles nicht.

Das Buch Exodus endet damit, daß Gott das Volk noch immer vorwärts führt – in seine Geschichte hinein. So seltsam es klingt: Mose selbst durfte das Gelobte Land nicht betreten. Er sah es nur von ferne, von der anderen Jordanseite her, aber er starb, ohne den Fuß auf kanaanäisches Territorium zu setzen.

Spätere Generationen von Gläubigen meinten, dafür müßte es eine theologische Erklärung geben; so kamen sie zu dem Schluß, Gott hätte Mose auf diese Weise für jene Male in der Wüste bestraft, wo Mose Gott nicht hundertprozentig vertraut hatte. Sie gaben der Sache eine Deutung, die zu ihrer eigenen Gotteserfahrung paßte, und offensichtlich erlebten sie Gott als strafend und rachsüchtig.

Mit meiner Gotteserfahrung paßt das nicht zusammen. Es entspricht auch nicht dem Gott, den ich in der Bibel finde. Mir leuchtet es mehr ein, daß Mose deshalb keinen Fuß ins Gelobte Land setzen mußte, weil er längst darin lebte. Er wanderte den Weg des Glaubens, er lebte bereits im Reich Gottes. Er war Gott am Berg Sinai begegnet und mußte nicht mehr irgendwohin gehen, um ihm zu begegnen. Seine Reise war schon vollendet, bevor sie aufhörte. Auch wir können sehen, daß es auf dem Westufer des Jordans nichts gab, was es nicht auch auf dem Ostufer gab. Gewissermaßen war die Reise an sich die Bestimmung des Mose.

Gott rief die Israeliten hartnäckig ins verheißene Land, aber ebenso hartnäckig wollten sie ihre eigenen Wege gehen. Weil sie Gott nicht von ganzem Herzen vertrauten, drehten sie sich schließlich im Kreis um die eigene Achse. Hätten sie einen starken und konstanten Glauben aufgebracht, wären sie vielleicht viel schneller am Ziel gewesen. Sie hätten auf direktem Weg durch die Wüste nach Kanaan wandern können. Das hätte höchstens ein paar Wochen gedauert.

Aber statt dessen zweifelten sie. Statt dessen zögerten sie. Statt dessen wollten sie ihre eigenen Wege gehen. Sie wurden immer wieder versucht, so wie du und ich ständig versucht werden. Du möchtest glauben, aber die gute Nachricht klingt zu schön, um wahr zu sein. Du möchtest vertrauen, aber du fragst dich, ob Gott deinen fliegenden Teppich wirklich in der Luft halten kann. Deshalb dauert deine Reise – an welchem Punkt auch immer du dich momentan befindest – länger als eigentlich nötig. Aber vielleicht gibt es für uns Menschen keinen anderen Weg.

Trotz dieser Zweifel und Ängste verspricht Gott dir dasselbe, was er Israel und was er Mose versprochen hat: Liefere dich Gott ganz und gar aus, und *Gott wird dich tragen. Gott wird dich ernähren. Gott wird dir Leben schenken,* das den Namen verdient. *Gott wird dein Herz mit Liebe füllen.*

Wie die Israeliten wirst du merken, daß selbst die Wüste nicht immer und überall Wüste ist. Schon mitten in der Wüste führt der Weg ins verheißene Land zum Leben. Wenn man es am wenigsten erwartet, kommt eine Oase. Oder, wie die Schrift es ausdrückt: „Die Wüste und das trockene Land sollen sich freuen, die Steppe soll jubeln und blühen" (Jesaja 35, 1).

Oder du wirst wie Mose herausfinden, daß man nicht ankommen muß, um anzukommen. Gott kann dir das verheißene Land schenken, bevor du es erreicht hast. Du kannst im Reich Gottes leben, bevor Gottes Reich kommt. Denn wenn du das Reich Gottes mehr suchst als alles andere, bekommst du alles andere als Zugabe.

Drittes Kapitel

Josua bis Könige –
Das Gewöhnliche wird
außergewöhnlich

Dieser Teil der Bibel kann einen beim ersten Lesen ziemlich erschlagen: Führer und ihre Gefolgsleute treten da auf und ab, Könige und Propheten geben sich ein Stelldichein, und die unterschiedlichsten Ereignisse überstürzen sich, so daß es schwierig ist, einen roten Faden zu finden. Es gibt aber doch in diesen Büchern ein paar grundlegende Themen, die das ganze Geschehen zu einer Art Bildteppich der Heilsgeschichte zusammenweben.

Josua, Richter, Rut, Samuel und *Könige* rechnet man zu den „Geschichtsbüchern" der Bibel. Es handelt sich jedoch nicht um historische Geschichtsschreibung im modernen Sinn. Diese Bücher basieren zwar gewiß auf tatsächlichen Ereignissen; aber die Geschichten, die sie erzählen, sind das Endprodukt langer theologischer Reflexion über diese Ereignisse. Dabei entstand am Ende eine Form von religiöser Epik, die Geschichten vereinfacht, Charaktere idealisiert und Ereignisse ausschmückt. Weder den Erzählern noch den Hörern dieser Geschichten – die über Generationen hin mündlich weitergegeben wurden, bevor man sie niederschrieb – ging es um Einzelheiten, sondern um ihre religiöse Bedeutung. Sie blickten zurück auf ihren Weg und verstanden ihn nachträglich als Abfolge vieler Treueerweise Gottes.

In der Entwicklungsgeschichte unserer Gemeinschaft „New Jerusalem" gibt es eine Parallele zu diesem Prozeß: Einige Jahre lang hat uns Gott mit echten Wundern beschenkt. 1971 beispielsweise bekamen wir eine Villa, in der wir kostenlos wohnen konnten. Das Haus hatte wohl 32 Zimmer. Ich möchte wetten: Wenn einige unserer jungen Leute ihren Kindern eines Tages von der Frühzeit der Gemeinschaft erzählen, wird die Villa ein Stück gewachsen sein. Vielleicht hat sie dann 50 oder 100 Zimmer. Sie wird jedenfalls noch imposanter aussehen, als sie mir erschien, als ich sie zum ersten Mal sah. Weshalb? Weil sie ihren Kindern erzählen wollen, wie großartig Gott in ihrem Leben gehandelt hat. Sie werden vermitteln wollen, wie fasziniert sie damals davon waren, daß Gott sich so großzügig um uns gekümmert hat. Das ist die eigentliche Wahrheit, die ihre Geschichte enthält – und nicht die Details der Architektur.

Genau das geschah auch, als die Israeliten ihre Geschichten von Generation zu Generation weitergaben. Manchmal lesen wir Heutigen diese Geschichten und tun uns schwer, sie zu glauben. Aber das ist unser Problem. Weshalb hätten sie lügen sollen? Sie versuchten „rüberzubringen", wie real Gott in ihr Leben eingegriffen hatte. Wie ehrlich sie waren, sehen wir schon daran, daß sie sich nicht scheuten, ihre Vorfahren gelegentlich in einem nicht sehr vorteilhaften Licht darzustellen. Sie kolportierten eine Geschichte, die nicht mit Selbstkritik sparte, weil Israel Gott so oft nicht gefolgt, sondern immer wieder vor falschen Göttern niedergefallen war. Hätten sie die Vergangenheit schönfärben wollen, hätten die Israeliten ganz gewiß ein glorreicheres Bild von sich selbst entworfen.

Josua

Das Buch Josua beginnt damit, wie die Israeliten über den Jordan geführt werden – ins verheißene Land. Gott bestätigt abermals sein Versprechen, bei ihnen zu sein; das einzige, was sie tun müssen, um das Land einzunehmen, besteht darin, auf seinen Beistand zu vertrauen (Josua 1,9).

Was danach kommt, sieht sehr gewöhnlich aus: Josua sendet Späher über den Fluß, um die Kanaanäer auszukundschaften. Währenddessen macht sich das Volk im Lager zur endgültigen Flußüberquerung bereit. Hier stehen wir vor diesem einzigartigen Kapitel der Heilsgeschichte, und das Ganze hat überhaupt nichts Besonderes an sich!

Genauso ist es bei uns. Unser Alltag wirkt häufig eher banal, während wir ihn durchleben. Oft stellen wir erst im Rückblick auf unsere scheinbar so glanzlose Vergangenheit nach und nach fest, daß in Wirklichkeit etwas überaus Glanzvolles im Gange war. Ebenso erlebten vermutlich die Israeliten diese Ereignisse als etwas ganz Profanes – und erst später entdeckten sie ihre geistliche Bedeutung.

Eines der geistlichen Themen, das sich in diesem Teil der Bibel im Verlauf ganz gewöhnlicher Ereignisse herauskristallisiert, ist der *Monotheismus*. Echter Monotheismus ist etwas anderes als die abstrakte Annahme, daß es „da oben" nur einen Gott gibt anstatt vieler Götter. Es handelt sich vielmehr um das handfeste Vertrauen auf einen Gott „hier unten", der echte Hilfe zu bieten hat – im Gegensatz zu den vielen falschen Göttern in unserem Leben, die nichts bieten als leere Versprechungen. Die Israeliten taten sich, wie wir noch sehen werden, schwer mit diesem konkreten Vertrauen auf den einen Gott. Sie konnten zum Beispiel nicht glauben, daß Gott sie wirklich beschützen und erhalten würde – und deshalb schlossen sie immer wieder militärische Pakte mit anderen Nationen, anstatt auf Gott zu vertrauen.

Auch wir können uns erst dann als echte Monotheisten bezeichnen, wenn wir tatsächlich unser Vertrauen auf den einen Gott setzen, der ist, anstatt uns an minderwertige Gottheiten zu verkaufen, die uns nicht retten können. Wenn wir dann auf unser Leben zurückblicken, sehen wir, wie sich im Laufe der Zeit das Muster des Glaubens immer mehr durchsetzt, und wir entdecken, wie Gott gerade da am Werk war, wo alles so gewöhnlich aussah.

Kurz bevor die Israeliten den Jordan zum Gelobten Land hin überschreiten, fordert Josua sie auf, tatsächlich etwas Außergewöhnliches zu tun: „Heiligt euch; denn morgen wird der Herr mitten unter euch Wunder tun!" (Josua 3, 5). Es geht darum, Opfer zu bringen als Zeichen dafür, daß man sich „heilig macht". Opfer im echten Sinn hat wenig mit Leiden zu tun, obwohl wir es meist so verstehen. Die biblische Auffassung von Opfer hat vor allem etwas mit Gottvertrauen zu tun. Es ist der rückhaltlose Schritt ins Vertrauen, daß Gott uns mit dem versorgen kann, was wir um seinetwillen aufgeben.

Du bist – zum Beispiel – nikotinabhängig. Aber irgendwann in deinem Leben fragst du dich: „Wozu brauche ich eigentlich diese künstliche Stimulierung?" Dann wendest du dich vertrauensvoll an Gott und bittest ihn um echte Stimulierung, um wirkliche Vitalität. Als Zeichen dafür, daß du Gott zutraust, deine momentanen Bedürfnisse zu stillen, gibst du das Rauchen auf. Um Zugang zu der Kraft zu bekommen, die Gott dir geben kann, ist es eine bewährte Übung, etwas aufzugeben, wovon du abhängig gewesen bist und wovon du dir Stärke erhofft hast – von einem falschen Gott!

Opfer ist weniger eine Übung des *physischen Verzichts* als ein Mittel zum *spirituellen Wachstum*. Deshalb fordert Josua das Volk auf, sich schon heute mit Gott „anzufüllen", damit sie morgen Wunder erleben können.

Und was geschieht am nächsten Tag? Zunächst einmal überqueren sie den Jordan auf die gleiche Weise wie einst das Rote Meer: das Wasser hört zu fließen auf, und das Volk geht trockenen Fußes durch den Fluß (Josua

3, 13–17). Der Autor benutzt hier dasselbe literarische Mittel wie der Autor des Exodusbuches: Er erzählt eine *Wundergeschichte*, um zu unterstreichen, wie *wunderbar* das Ereignis war. Gleichzeitig vermittelt er die theologische Wahrheit, daß die Israeliten nicht durch eigene Kraft über den Fluß gekommen sind, sondern durch Gottes Kraft. In der Retrospektive ist es ja tatsächlich wunderhaft, daß dieser Haufen von ausgerissenen Sklaven den Jordan in der Hoffnung überquert hat, Kanaan zu erobern – und das tatsächlich geschafft hat!

Die Umstände ihres Erfolgs wirken auf uns allerdings verwirrend, um nicht zu sagen abstoßend: Sie besiegten die ansässigen Streitkräfte, brachten alle Überlebenden um und legten ihre Städte in Schutt und Asche. So seltsam das für uns klingt: diese Handlungsweise markiert bereits einen *Fortschritt* gegenüber einer noch primitiveren Moral, die erlaubte, daß eroberte Völker gefoltert, die Frauen vergewaltigt, die Kinder versklavt und der Besitz geplündert wurde. Statt dessen sollten die Israeliten über eine eroberte Stadt den „Bann" verhängen – das heißt: sie sollten sie Gott opfern und für ihn „aussondern". Die Israeliten durften die Besiegten nicht zu Sklaven machen und sich ihren Besitz nicht selbst unter den Nagel reißen. Statt dessen mußte die Stadt zerstört und Gott als Opfer dargebracht werden.

Das ist ein anschauliches Beispiel dafür, daß Gott die Menschen immer da abholt, wo sie in ihrer Entwicklung gerade sind, um sie herauszufordern, den *nächsten Schritt* zu tun – aber nur *einen Schritt* auf einmal. Jahwe forderte damals von Israel nicht, die späteren kirchlichen Kriterien für einen „gerechten Krieg" anzuwenden oder sich gar den Prinzipien der Gewaltlosigkeit zu unterwerfen. Er forderte allerdings von ihnen nicht nur, von Vergewaltigung, Plünderung und Versklavung Abstand zu nehmen, sondern auch, alles *ihm* zu opfern. Auf diese Weise konnten sie lernen, daß sie das alles nicht brauchen, um glücklich zu sein. Es ging um langsames und evolutionäres moralisches Wachstum.

Wir sollten uns darüber nicht wundern. Wir, die wir Katholiken sind, haben ähnliche evolutionäre Glaubensprozesse hinter uns. Noch vor kurzem glaubten wir, daß wir Gottes neues erwähltes Volk sind – und daß er bei *uns* ist und bei niemand sonst. Gott war in *unserer* Kirche anwesend – und nicht bei den anderen. Wir mußten die Protestanten nicht einmal mögen; schließlich handelte es sich um Ketzer, die folglich unsere Feinde waren. In letzter Zeit hat Gott uns über dieses etwas primitive Glaubensstadium hinausgeführt. Er führt uns über unsere anfängliche Enge hinaus, so daß wir jetzt langsam begreifen, daß andere Christen unsere Schwestern und Brüder im Herrn sind. Heute will Gott, daß wir klarer sehen, wie bedingungslos seine Liebe ist. Im Buch Josua hingegen werden wir Zeugen eines ziemlich *frühen* Stadiums des allmählichen – und manchmal schmerzlichen – Wachstums auf dem Weg zu immer klarerer Einsicht, wohin Gott sein Volk *eigentlich* führen will.

Im sechsten Kapitel des Buches hören wir vom Fall der Stadt Jericho. Wieder müssen wir uns klarmachen, daß die Geschichte, so wie sie uns vorliegt, zu einem viel späteren Zeitpunkt aufgeschrieben wurde. Die ursprüngliche Erzählung hat offensichtlich eine langwierige literarische Entwicklung durchgemacht. Moderne Archäologen sagen, daß die Mauern der Stadt längst gefallen waren, als Josua ankam. Aber die biblischen Autoren benutzen das Faktum der eingestürzten Mauern, um eine Geschichte zu erzählen, die ihr außergewöhnliches Vertrauen auf Gottes Kraft widerspiegelt.

Jahwe läßt die Israeliten wissen, daß er Jericho und seinen König in ihre Hand ausliefern wird; aber der

63

Schlachtplan, den er ihnen gibt, ist mehr als merkwürdig: Sechs Tage lang sollen sie in absolutem Schweigen um die Stadtmauern herumziehen und dabei die Bundeslade mit sich führen. Auch am siebten Tage sollen sie schweigend die Stadt umkreisen, aber in lautes Kriegsgeschrei ausbrechen, sobald das Widderhorn geblasen wird. Der Hörnerschall ertönt, das Kriegsgeschrei bricht los, und natürlich fallen die Mauern um! Was so undurchführbar aussah, erweist sich am Ende als die einzig wahre Durchführung.

Die Pointe dieser Geschichte lautet: es gibt eine alternative Methode der Kriegsführung. Gott erteilt ihnen eine neue Lektion darüber, wie das Gute über das Böse siegen kann. Viel später entdeckten die Quäker diese biblische Methode und nannten sie den „Krieg des Lammes", wobei sie auf ein Bild aus der Johannesoffenbarung zurückgriffen. Der Grundgedanke besteht darin, *nicht selber zu kämpfen,* sondern Gott in die Schlacht zu schicken, Gott das Kämpfen zu überlassen. Diese Haltung hat im Kern eine pazifistische Tendenz. Heute begreifen wir allmählich, wie notwendig der Weg des Gewaltverzichts für die Friedenssicherung ist. Hoffentlich kommt diese Entdeckung nicht zu spät.

Im 2. Chronikbuch findet sich ein Abschnitt, der denselben Gedanken besonders anschaulich vermittelt. In Kapitel 20 fordert der Prophet *Jahasiël* von den Israeliten, denen eine mächtige feindliche Armee gegenübersteht, sie sollten sich an Gottes Schlachtplan halten, wenn sie die Niederlage des Feindes erleben wollten. Als sie den Propheten befragen, wie sie denn kämpfen sollen, rät er ihnen nicht etwa, die Bogenschützen oder die Speerträger an die vorderste Front zu schicken. Nein, er fordert sie auf, *Sänger* an die Spitze des Heeres zu stellen! So marschiert die Armee, angeführt vom Lobpreis Gottes, in die Schlacht. Die Feinde geraten in Verwirrung, und die

Israeliten gewinnen ohne jede eigene Anstrengung. Echte Spiritualität ist etwas höchst Kreatives!

All das klingt ziemlich weltfremd und naiv, und doch ist es auch für uns heute direkt anwendbar. Was wollen wir machen, wenn wir in unserem eigenen Leben vor einem Jericho stehen? Wir sehen riesige Mauern und würden sie am liebsten im Sturm nehmen. Wir erleben hartnäckige Widerstände, und der gesunde Menschenverstand rät uns, alles zu tun, was in unserer Macht steht, um sie zu überwinden. Aber Gott sagt, es gibt da noch eine ganz andere Macht, mit der wir es einmal versuchen sollten. Das ist die Macht der Gewaltlosigkeit, die Macht der Liebe, die Macht der Wahrheit.

Leonard Bernstein hat eine Messe komponiert, in der auch ein Stück vorkommt, das das Wort Gottes besingt. Es beginnt ganz leise und schwillt dann über 30 oder 40 Notenzeilen hinweg immer mehr an. Der Text des Stükkes besagt, daß Gottes Wort nicht eingekerkert, widerrufen oder mundtot gemacht werden kann. Wie die Musik in diesem Stück, so wächst das Wort Gottes unaufhörlich weiter, es nimmt zu, es wird am Ende recht behalten.

Das Wort Gottes ist mächtig, weil es etwas höchst Reales verkündet, auch wenn es anfangs sehr schwer ist, das zu glauben: Es ist die Macht der Liebe Gottes, die sich langsam, aber sicher in die Menschheitsgeschichte hineinarbeitet, um sie zu verwandeln.

Die Geduld Gottes ist schon beeindruckend. Er hat Jahrtausende hebräischer Geschichte und Jahrtausende christlicher Geschichte darauf gewartet, daß seine Liebe fruchtet. Wir merken davon so wenig in der Welt, die uns umgibt; aber mit dem Blick des Glaubens sehen wir, daß sie dennoch Stück um Stück gewinnt. Das Wort Gottes erweist seine Macht und wird am Ende siegreich sein. Es wird die Jerichos unseres Lebens überwinden, und es wird schließlich auch die Armeen dieser Welt hinfällig machen.

In Josuas Zeit überwand Gottes Kraft eine kanaanäische Armee nach der anderen, und schließlich konnten die Israeliten das Gelobte Land unter den zwölf Stämmen aufteilen. Als diese Aufgabe endlich erledigt war, war Josua ein alter Mann, der wußte, daß sein Platz nicht mehr lange auf dieser Erde ist.

Deswegen ruft Josua im letzten Kapitel des Buches das Volk zusammen, um seine Vermächtnisrede zu halten. Er erinnert Israel an seine Berufung, sich für Gott zu entscheiden – und zwar immer wieder neu! Das Volk soll sich an die Gebote halten, die seine Einzigartigkeit garantieren. Weil nur sie dem Weg Gottes folgen, sollen sie keine Mischehen mit den Nationen eingehen, die sie umgeben. Mit immer wieder anderen Worten ermahnt Josua die Israeliten, weder links noch rechts vom Weg abzuweichen, sondern auf dem geraden Pfad zu bleiben, auf den Gott selbst sie gestellt hat. Vor allem aber sollen sie Gott allein anbeten und keinem anderen Gott vertrauen. Wenn sie ihrer Berufung treu bleiben, wird ihnen Gottes Kraft zur Seite stehen. Die Kraft, die sie ins verheißene Land gebracht hat, wird sie für alle Ewigkeit erhalten. Gott wird ihnen immer treu sein; sie brauchen ihm nur ebenso treu zu sein. Gott wird immer zu seinem Wort stehen; sie brauchen nur ebenso zu ihrem Wort zu stehen. Gott wird seine Verheißungen immer erfüllen; sie brauchen nur ihre Versprechungen ebenso zu halten.

Josua erinnert das Volk an alles, was Gott bereits für es getan hat, angefangen von der Berufung Abrahams über die Erwählung Isaaks und Jakobs bis zur Sendung des Mose nach Ägypten. Jahwe ist der Gott, der sie aus der Sklaverei errettet, in der Wüste bewahrt und ins Gelobte Land gebracht hat. Jetzt hat er ihnen Städte gegeben, die sie nicht selbst gebaut, Felder, die sie nicht selbst angelegt, und Weingärten, die sie nicht selbst gepflanzt haben. Alles war Geschenk. Alles ist Gnade.

Doch jetzt müssen sie sich entscheiden: Werden sie sich an Jahwe erinnern, oder werden sie ihn vergessen? Sie müssen sich entscheiden: Werden sie Gott dienen oder sich anderen Göttern zuwenden? Sie müssen sich entscheiden: Werden sie Gottes Kraft vertrauen oder ihren eigenen Leistungen? Sie können nicht beides haben, darüber läßt Josua sie nicht im Zweifel.

Das gilt auch für uns. Das Wort Gottes spricht durch das Josuabuch zu uns und sagt uns, daß auch wir hier und jetzt dieselbe Entscheidung fällen müssen, mit der die Israeliten damals konfrontiert waren. Auch wir müssen wählen zwischen Gott und den Götzen. Auch wir müssen wählen zwischen seiner Macht und unserer Macht. Auch wir müssen wählen zwischen seinem Reich und der Welt.

Entweder Gott ist Gott, oder er ist es nicht. Entweder ist Gott alles, oder Gott ist in Wirklichkeit gar nichts. Religion ist heute weitgehend ein halbherziger Zwischenzustand, bei dem wir Gott „Gott" nennen, obwohl er das in Wirklichkeit gar nicht für uns ist. Er ist nichts als ein religiöses Bild, dem sich einige Leute vage verpflichtet fühlen, weil man ihnen beigebracht hat, er würde sie „retten". Aber sie haben diese Errettung nie so unmittelbar und durchschlagend erlebt wie die Israeliten.

Wenn du diese Errettung einmal erlebt hast, wenn du Gottes Kraft ein einziges Mal am eigenen Leibe gespürt hast, wenn seine Liebe dich angerührt hat, dann weißt du, worum es sich in diesem Buch der Bibel dreht. Wenn du ein einziges Mal wirklich auf Gottes Wort gehört, seine Verheißung vernommen und ihre Erfüllung erlebt hast, dann weißt du, was Treue ist, die niemals aufgibt. Vielleicht geht es nicht immer so aus, wie du dir das vorstellst, aber es geht immer so aus, daß am Ende alles gut wird.

In unserer Gemeinschaft „New Jerusalem" haben wir

67

das immer wieder erlebt, manchmal auf überraschende und unerwartete Weise, aber wir haben es immer wieder gesehen. Ich kann auch in meinem persönlichen Leben sehen, daß Gott noch jedes seiner Versprechen gehalten hat. Würde ich heute sterben, müßte ich trotzdem zugeben, daß er bereits alles getan hat, worum ich ihn gebeten habe. Die tiefsten Wünsche meiner Kindheit haben sich mehr als erfüllt.

Es geht um dieselbe Erfahrung, die die Israeliten gemacht haben, als Josua seine letzten Worte zu ihnen sprach. Sie kennen Gottes Zuverlässigkeit. Sie wissen, daß er ihnen alles gegeben hat, was sie sich je erträumt haben. Als Josua sie deshalb auffordert, eine Entscheidung zu fällen, entscheiden sie sich für Gott. Sie versprechen, ihm treu zu bleiben, so wie er ihnen treu geblieben ist. Als Josua das gehört hat, kann er in Frieden sterben.

Und doch wissen wir, daß das alles nicht so einfach ist. Es ist niemals so einfach. Das nächste Buch der Bibel, das Richterbuch, zeigt uns, woran das liegt.

Richter

Die sogenannten „Richter" waren Führergestalten, die Gott in Israel aufstehen ließ, um das Volk bei den Zusagen zu halten, die es Gott gegeben hat. Wir nennen diese Figuren „Richter", aber mit Richtern im heutigen Sinne hatten sie nicht viel gemein. Es handelte sich um charismatische Gestalten, Männer (und Frauen!) mit einer ausgeprägten Führungsgabe. „Richter" waren sie insofern, als sie Urteile fällten und Entscheidungen trafen; besser gesagt: sie wiederholten immer wieder die eine Entscheidung, die die Israeliten getroffen hatten, als sie beschlossen, Jahwe zu wählen anstatt all der anderen Götter. Die Richter erinnerten das Volk immer wieder an diese seine

68

Grundentscheidung und auch an Jahwes Treue. So halfen sie dem Volk, abermals Gott zu wählen.

Im Richterbuch sehen wir, wie ein und dasselbe Muster ständig wiederkehrt: Die Israeliten vergessen Gottes Liebe, werden von ihren Feinden bedrängt, schreien zu Gott und werden errettet; daraufhin werden sie wieder vergeßlich, die feindliche Bedrohung nimmt erneut zu, sie tun Buße und werden abermals befreit. Dieses Muster läuft erstmals im zweiten Kapitel ab: die Generation Josuas ist ausgestorben, und die zweite Generation hat nicht *am eigenen Leib* erfahren, was Gott für ihre Vorfahren getan hat.

Die Botschaft ist sonnenklar: Gott hat keine Enkelkinder. Jede Generation muß neu bekehrt werden. Jeder Mensch muß die Liebe und Treue Gottes selbst erleben. Und jeder Mensch muß selbst die Wahl für Gott treffen. Jede und jeder muß sich selbst entscheiden, das Leben auf Gottes Wort zu gründen.

Es reicht nicht zu sagen, deine Mutter war fromm, und dein Vater war katholisch. Bis du an den Punkt im Leben kommst, wo du selbst den Gott wählst, dem du dienen willst, bist du noch nicht bekehrt. Der Hauptgrund, weshalb die meisten Katholiken von heute mit der Bibel nichts anfangen können, ist schlicht und einfach der, daß sie diese Umkehr noch nicht erlebt und vollzogen haben. Weil sie Gottes Wort noch nicht in ihrem *Leben* begegnet sind, spricht Gottes Wort auch nicht aus der *Bibel* zu ihnen.

Mit Richter 6 beginnt die Geschichte von Gideon. Die Israeliten waren wieder einmal Gott untreu geworden und hatten sich anderen Göttern zugewandt. Da begann ein Nachbarstamm, die Midianiter, ins Land einzufallen. Sie schikanierten die Israeliten, verwüsteten die Äcker und stahlen das Vieh. Schließlich erkannten die Israeliten in ihrem Elend die eigene Treulosigkeit. Sie wandten sich Gott zu und flehten zu ihm, sie zu erretten.

Und Gott erhört ihr Flehen. Er schickt einen Boten zu einem jungen Bauern. Der Engel erscheint *Gideon* und spricht ihn in einer Weise an, wie sie uns aus der Verkündigungsszene des Neuen Testaments wohlvertraut ist: „Der Herr sei mit dir, starker Held!" Natürlich ist Gideon ebenso verwirrt wie später Maria. Er hält sich für einen einfachen Bauernjungen: „Ach, mein Herr, ist der Herr wirklich mit uns? Warum hat uns dann all das getroffen? Wo sind alle seine wunderbaren Taten, von denen uns unsere Väter erzählt haben? Sie sagten doch: Wirklich, der Herr hat uns aus Ägypten heraufgeführt!" (Richter 6, 12–13).

Kommen uns diese Töne nicht bekannt vor? Wir sehen all das Böse in der Welt und fragen, wie Gott das zulassen kann. Ist das ein Gott der Liebe? Ist das ein Gott, der wirklich regiert? Es sieht so aus, als hätte Gott uns im Stich gelassen. Wir sehen häufig nicht, daß wir es sind, die Gott verlassen haben. Aber er ist da und wartet geduldig darauf, unser Flehen zu erhören.

So läßt Gott Gideon durch seinen Engel sagen: „Geh und befrei mit der Kraft, die du hast, Israel aus der Faust Midians ... Weil ich mit dir bin, wirst du Midian schlagen, als wäre es nur *ein* Mann" (Richter 6, 14 ff). Im Anschluß schildert der biblische Autor eine Szene, in der der Engel ein Wunder vollbringt, um zu zeigen, daß er wirklich von Jahwe kommt. Aber was hat Gideon wirklich gesehen? Höchstwahrscheinlich hatte er keine „Vision". Es ist anzunehmen, daß er Gottes Stimme nicht viel anders vernommen hat als du und ich. Gott fordert uns zu einem neuen Schritt heraus, zu etwas, wozu wir uns unfähig fühlen. Unsere erste Reaktion ist Zweifel: Wir können nicht glauben, daß Gott es ist, der uns das zumutet. Wir bezweifeln, daß wir die nötige Kraft haben, und deshalb glauben wir auch nicht, daß es sich um einen göttlichen Ruf handelt. Wir vergessen immer wieder, daß Gott *nicht* von uns verlangt, es aus eigener Kraft zu tun. Die nächste Szene der Geschichte bringt das auf den Punkt:

Gideon schickt Boten aus, die den Stämmen Israels mitteilen sollen, daß Gott sie retten will. Israel mobilisiert ein großes Heer, um dem Feind entgegenzutreten. Aber Gott sagt zu Gideon: „Die Leute, die du bei dir hast, sind zu zahlreich, als daß ich Midian in deine Gewalt geben könnte. Sonst könnte sich Israel mir gegenüber rühmen und sagen: Meine eigene Hand hat mich gerettet. Ruf daher so laut, daß die Leute es hören: Wer sich fürchtet und Angst hat, soll umkehren!" (Richter 7, 2–3). Deshalb verringert Gideon die Armee auf ein Drittel ihrer ursprünglichen Größe, aber noch immer sind 10 000 Mann übrig.

Jahwe sieht das und sagt: „Zehntausend! Das sind noch immer zu viele! Wollt ihr mir vertrauen oder nicht?" Er möchte ihnen beweisen, daß sie nicht aus eigener Anstrengung gewinnen werden, sondern durch seine Kraft. Deshalb sagt er zu Gideon: „Führ die Armee zum Trinken an die Quelle; dort will ich sie einem Test unterziehen." 300 Soldaten beugen sich nieder und schlecken das Wasser mit der Zunge auf wie Hunde. Die meisten aber knien sich zivilisiert hin und schöpfen das Wasser mit der Hand. Gideon sondert die dreihundert „wilden Männer" aus. Mit dieser kleinen Schar will Gott siegen.

Nun ist die Zeit reif, Gottes Plan in die Tat umzusetzen. Kurz nach Mitternacht umzingeln Gideon und seine Mannen die Tausende von Midianitern in ihrem Lager. Welche Waffen haben sie dabei? Nicht etwa Schwerter und Schilder, sondern Widderhörner und brennende Fakkeln, die in leeren Krügen versteckt sind! Auf ein Signal hin enthüllen sie die Fackeln, stoßen ins Horn und schreien: „Für Jahwe und Gideon!" Der Feind wird von wilder Panik ergriffen. Die Midianiter schlagen wild um sich und metzeln sich dabei gegenseitig nieder. Nachdem sie endgültig verwirrt sind, fliehen sie in alle Himmelsrichtungen! Die Israeliten sind die Gewinner; aber Gott ist es, der ihnen den Sieg geschenkt hat (Richter 7, 1–22).

Die Moral von der Geschichte ist wieder die Sache mit dem Monotheismus: Der Gedanke, daß es im Leben nur Platz für *einen einzigen* Gott gibt. Aber wie findest du konkret heraus, wer die Götter in deinem Leben sind? Du kannst dich fragen: Auf wen oder was zählst du letztendlich? Auf Logik und Vernunft? Auf deine Lohnsteuerkarte? Auf eine starke Armee? Wenn du gerade nicht beschäftigt bist, wohin gehen deine Tagträume? Was erhoffst du dir von diesem Leben? Was glaubst du, würde dich wirklich glücklich machen? Wer immer oder was immer es ist: das ist dein Gott. Vor diesem Gott gehst du in die Knie, dieser Gott beherrscht dein Leben. Wenn dein Gott nicht Jahwe ist, dann ziehst du ihm andere Götter vor.

Man sollte meinen, die Israeliten hätten das kapiert. Aber nein! Nach dem großen Triumph kommen sie zu Gideon und wollen ihn zu ihrem Herrscher machen. Aber er weigert sich: „Ich will nicht über euch herrschen, und auch mein Sohn soll nicht über euch herrschen; der Herr soll über euch herrschen!" (Richter 8, 23). Solange Gideon lebt, erinnert das Volk sich an Jahwe und dient ihm. Aber nach Gideons Tod wenden sich die Israeliten abermals anderen Göttern zu, anderen „Baalen", wie die Bibel sie nennt.

Und so wiederholt sich die Geschichte. Weitere Richter folgen auf Gideon. Manchmal sind die Israeliten Jahwe treu, manchmal nicht. Aber während dieser ganzen Periode haben sie keinen König. Ihre Regierungsform und überhaupt ihr ganzes Leben halten das „theokratische Ideal" aufrecht, die Auffassung, daß Jahwe der einzige wirkliche König und Herr Israels ist. Das ist bereits eine Art Vorgriff auf Jesu Verkündigung des Reiches Gottes, in dem allein Gottes Wahrheit regiert.

Im 13. Kapitel des Richterbuches begegnet uns eine weitere Gestalt, die vielen von uns bereits vertraut ist: der Held *Simson*. Diese biblische Geschichte gehört zu jener Sorte, in der uns Gott unwirklich und märchenhaft vorkommt, weil wir nicht wissen, wie wir das Ganze verstehen sollen. Die Geschichte scheint von der Prämisse auszugehen, daß die Stärke Simsons in seinen *Haaren* lag! Weil wir aus eigener Erfahrung wissen, daß das wohl so nicht stimmen kann, denken wir, daß die Bibel nicht wahr ist – und verpassen dabei die eigentliche Pointe dieser Geschichte.

Um die Botschaft dieser Geschichte zu verstehen, müssen wir sie innerhalb ihres jüdischen Kontexts betrachten. Simsons Mutter weihte ihren Sohn Gott. Als Zeichen dafür, daß er für den Herrn ausgesondert war, sollte kein Schermesser je sein Haupt berühren. Man nannte das ein „nasiräisches Gelübde". Anklänge daran finden sich bis heute bei der Haartracht bestimmter strenggläubiger („orthodoxer") Juden, die lange Seitenlocken tragen. Das Haar nicht zu scheren war für solche „Nasiräer" ein Zeichen dafür, daß sie Gott treu sein wollten. Indem Simson sich niemals die Haare schnitt, dokumentierte er, ein Gottgeweihter zu sein. Die langen Haare waren ein Zeichen seines Gottvertrauens.

Weil Simson Gottes Kraft in sich hat, kann er mächtige Heldentaten vollbringen. Er erwürgt mit bloßen Händen einen Löwen. Er erschlägt mit der Kinnbacke eines Esels tausend Philister (die Philister hatten zu seiner Zeit die Midianiter als Erzfeinde Israels abgelöst). Nichts kann ihn bremsen!

Es hat in der Frühgeschichte Israels wahrscheinlich wirklich einmal einen Mann namens Simson gegeben, jemanden, der seine erstaunliche Kraft auf Gott zurückführte. Seine Geschichte wurde jahrhundertelang immer wieder nacherzählt. Dabei nahm seine Stärke gigantische

Ausmaße an, und seine Taten sprengten am Ende jede Vorstellung. Das ist typisch für mündliche Überlieferung. Die Pointe der Geschichte ist entscheidend, nicht die Details. Die Pointe lautet: Simsons Stärke kam von Gott, und er behielt seine Stärke, solange er seinem Gelübde treu blieb und als Zeichen dafür das Haar lang trug.

Auftritt Delila: Schon an ihrem Namen erkennen wir die sagenhaften Züge der Geschichte. Ihr Name bedeutet „Verräterin". Simson verliebt sich in sie, aber die Philister versprechen ihr viel Geld, wenn sie die Quelle seiner Kraft aufdeckt. Immer wieder fragt sie ihn; immer wieder führt er sie an der Nase herum und verweigert die Auskunft. Endlich gibt er auf und verrät sein Geheimnis: Quelle seiner Kraft ist die Tatsache, daß er ein Gottgeweihter ist, was durch seine eigentümliche Haartracht zum Ausdruck kommt. Delila bezirzt Simson mit Zärtlichkeiten, bis er in ihrem Schoß einschläft; die Philister kommen und schneiden ihm die Haare ab. Seiner Kraft beraubt, weil er einer Verräterin getraut hat anstatt Gott, wird Simson in Ketten gelegt und von seinen Feinden ins Gefängnis geworfen. Nur ab und zu lassen sie ihn heraus, um ihren Schabernack mit ihm zu treiben. Aber sein Haar wächst langsam nach – und mit ihm die Kraft! Schließlich besiegt er seine Häscher, indem er die Säulen des Palastes zum Einsturz bringt, in dem sie sich auf seine Kosten amüsieren. Er begräbt sie und sich selbst unter den Trümmern.

Die großen Themen dieser Geschichte finden im gesamten Richterbuch Widerhall: Hingabe an Gott, Gott an erster Stelle, Vertrauen auf geistliche Kraft anstatt auf die eigene. Das war das gemeinsame Geheimnis von Josua, Gideon und Simson. Das war die Quelle der Stärke Simsons. Die biblischen Autoren haben diese Grundgedanken in einer inspirierenden Mischung von Wahrheit und Dichtung schöpferisch und vielgestaltig aufbewahrt und aufbereitet. Es handelt sich um eine „gute Nachricht": sie

74

verkünden nämlich, daß uns Gott die Quelle des Lebens, das Geheimnis des Lebens offenbart hat. In diesem Buch erleben wir mit, wie sich diese gute Nachricht langsam den Weg ins menschliche Bewußtsein bahnt, immer wieder angenommen und zurückgewiesen, geglaubt und als unglaubwürdig verworfen wird. Es ist klar, daß wir noch einen weiten Weg vor uns haben.

1 und 2 Samuel

Vom Anfang der Samuelbücher an erleben wir mit, wie sich allmählich eine Spannung aufbaut zwischen Charisma und Institution, zwischen dem freien Wirken des Geistes und den Bremskräften („Sachzwängen") der Gesellschaft. Israel hatte als wanderndes Volk begonnen, das der Führung Gottes folgte. Während der Richterzeit vertrauten sie sich in Krisensituationen charismatischen Führern an. Aber zu Beginn des zehnten vorchristlichen Jahrhunderts hatten sie sich auf dem Boden Palästinas zu einer großen und seßhaften Nation entwickelt. Sie merkten, daß sie mehr Struktur, mehr Organisation und sogar ein gewisses Maß an Bürokratie brauchten, um ihren Zusammenhalt als Volk zu gewährleisten.

Jede spontane Gebetsgruppe kennt diese Spannung, wenn sie die ersten Schritte macht, um zu einer wirklichen Lebensgemeinschaft zu werden. Uns, die wir von Anfang an die Entstehung von „New Jerusalem" miterlebt haben, ist sie nur allzu vertraut. Wie schön war das doch damals, als wir ein paar Leute waren, die in einem Zimmer zusammensaßen und beteten! Wir freuten uns des Lebens, vertrauten Gott und waren uns sicher, daß sich alles andere schon finden würde. Aber dann wuchs die Gruppe. Häufigere Versammlungen waren nötig; dieses und jenes mußte bedacht und geplant werden; wir brauchten ein gewisses Maß an Organisation. An diesem Punkt passiert es sehr leicht, daß man aufhört, auf Gott zu vertrauen, und statt dessen anfängt, die Sache in eigene Regie zu nehmen.

Weil wir das selbst durchgemacht haben, ist es jetzt einfacher für uns, geduldig und verständnisvoll mit der Gesamtkirche zu sein. Seit 2000 Jahren versuchen Katholiken, Gottes Volk zu sein, und immer hat diese Spannung zwischen den charismatischen und den institutionellen Aspekten der Kirche existiert. Ganz gewiß sind wir dabei oft zur „Hure Babylon" geworden, die sich meistbietend verkauft hat. Aber zugleich waren wir immer auch die „Braut Christi" – um zwei neutestamentliche Bilder zu verwenden. Ganz gewiß sind wir treulos gewesen, aber inmitten all dieser Treulosigkeit hat es immer auch ein erstaunliches Maß von Treue gegeben. Der Blick des Glaubens sieht das Göttliche im Menschlichen, die Gegenwart Gottes inmitten seines Volkes. Wir entwickeln soziale Großstrukturen, um den Laden zusammenzuhalten, aber immer wieder schickt Gott uns Propheten, die uns zum Herzstück des Glaubens zurückrufen, zu Vertrauen und Treue.

In der Bibel erleben wir die Anfänge dieser Spannung mit, als das Volk den Propheten Samuel auffordert, in Israel eine Monarchie zu errichten:

„Setze jetzt bei uns einen König ein, der uns regieren soll, wie es bei allen Völkern der Fall ist." Aber Samuel mißfiel es, daß sie sagten: „Gib uns einen König, der uns regieren soll." Samuel betete deshalb zum Herrn, und der Herr sagte zu Samuel: „Hör auf die Stimme des Volkes in allem, was sie zu dir sagen. Denn nicht dich haben sie verworfen: Ich soll nicht mehr ihr König sein ... Doch hör jetzt auf ihre Stimme, warne sie aber eindringlich, und mach ihnen bekannt, welche Rechte der König hat, der über sie herrschen wird" (1 Samuel 12, 5–9).

Von Anfang an ist klar, daß diese neue Institution ein Zugeständnis an die menschliche Schwäche ist: Sie brauchen einen sichtbaren Führer. Jahwe erwählt Saul zu ihrem König, aber Samuel ermahnt sie:

„Wenn ihr den Herrn fürchtet und ihm dient, wenn ihr auf seine Stimme hört und euch seinem Befehl nicht widersetzt, wenn sowohl ihr als auch der König, der über euch herrscht, dem Herrn, eurem Gott, folgt, dann geht es euch gut. Wenn ihr aber nicht auf die Stimme des Herrn hört und euch seinem Befehl widersetzt, dann wird die Hand des Herrn gegen euch ausgestreckt sein ... (1 Samuel 12, 14–15).

Gott läßt dem Volk gewissermaßen sagen: „In Ordnung, wenn ihr einen König wollt! Aber nehmt das alles nicht zu ernst!" König und Volk müssen weiterhin auf Gott hören und offen sein für den Geist.

Die Tragödie der Kirche besteht darin, daß wir diese Weisheit immer wieder außer acht lassen. Anstatt Gott zu vertrauen und uns vom Geist leiten zu lassen, liefern wir die Kirche Profis und Bürokraten aus. Wir sehen ein Problem, entwerfen ein Programm und stellen jemanden an, der es verwalten soll. Wir sehen ein neues Problem, starten ein weiteres Programm und so weiter. Bald brauchen wir eine Behörde, die die Programme koordiniert, ein Büro, von dem aus sie gelenkt werden, und eine Belegschaft, die dafür sorgt, daß alles reibungslos läuft. Ziemlich bald entwickelt die Organisation ihre Eigendynamik. Die einmal eingerichtete Bürokratie läuft jahre- und jahrzehntelang weiter, unabhängig davon, ob die ursprünglichen Probleme noch bestehen und ob die ursprünglichen Programme noch immer die besseren Methoden sind, um sie zu lösen. Wir nehmen unsere Institutionen zu ernst und statten sie mit einer Vollmacht aus, wie sie Gott nicht einmal einem König zugedacht hatte, den er selbst eingesetzt hat.

Obwohl wir eine große Gemeinschaft geworden sind, finden wir es in „New Jerusalem" noch immer wichtig, eine lange Zeit damit zu verbringen, auf Gott zu hören, bevor wir eine wichtige Entscheidung treffen, die das Ganze betrifft. Manchmal merken wir – wie viele andere engagierte Christen –, daß wir uns vom eigenen Dampf antreiben lassen, in divergierende Richtungen auseinanderstreben und versuchen, Probleme innerhalb und außerhalb der Gemeinschaft ohne das vereinende Bewußtsein anzupacken, vom Geist geleitet zu werden. Wir merken, wie sich zwischen verschiedenen Fraktionen Spannungen aufbauen; wir sind uns nicht einig über die Prioritäten; wir beginnen sogar, einander zu mißtrauen.

In solchen Zeiten – oder wenn möglich, bevor es so weit kommt – halten wir in „New Jerusalem" eine Versammlung ab. Wir kommen zusammen, um uns zu begegnen. Aber vor allem wollen wir Gott begegnen. Wir verbringen die erste Stunde damit, uns Gott zu öffnen, uns selbst loszulassen und Gott zu erlauben, unser Herr zu sein. Während dieser Gebetsstunde passiert es regelmäßig, daß Gott hier ein verhärtetes Herz erweicht, dort düstere Gedanken aufhellt, den einen demütig macht und die andere ermutigt. Nach dieser Begegnung im Geist können wir in der Regel innerhalb einer halben Stunde vieles klären, wozu wir sonst Stunden mit Kampf und Streit brauchen würden.

Wie sehr sich das von einer herkömmlichen Pfarrgemeinderatssitzung oder einer typischen kirchlichen Ausschuß-Sitzung unterscheidet! Die Leute rauschen ins Zimmer, haspeln ein Vaterunser runter und erledigen dann zwei Stunden lang ihre zermürbenden und allzu oft frustrierenden Sitzungsgeschäfte. Wir benehmen uns so, als käme alles einzig und allein auf uns an; wir handeln so, als ob *unsere* Anstrengungen die Kirche erneuern und *unsere* Entscheidungen die Herzen der Menschen verändern könnten. Unsere Selbstherrlichkeit wird dabei nicht in Frage gestellt.

Aber die Bibel sagt uns klipp und klar, daß Gott allein retten kann. Gott allein bewirkt das Heil. Das fängt bereits bei den kleinen Schwierigkeiten an, die wir Tag für Tag zu meistern haben. Wenn vor allem wir „Berufschristen" zuerst und zutiefst betende Menschen sind – vornehmlich auch im Rahmen unserer dienstlichen Zusammenkünfte –, erleben wir wesentlich mehr Kraft in unserem Leben und können auch viel eher sehen, daß unsere Arbeit fruchtet.

So wie die Dinge stehen, nehmen wir uns selbst in der Regel viel zu ernst; wir glauben an uns selbst statt an Gott. Genau dies tut Saul. Unzufrieden mit der Königsrolle möchte er über allem stehen; er will Gott spielen. Deshalb lehnt Gott Sauls Königtum ab; nicht weil Saul sich nicht angestrengt hat, sondern weil er nicht in Kontakt mit Gott geblieben ist. Er verliert den Geist, mit dem er einst gesalbt worden ist.

So macht Samuel sich auf die Suche nach einem anderen König. Mittlerweile ist er selbst ein alter Mann. Man kann richtig sehen, wie sehr er sich wünscht, diesmal den richtigen König zu finden, damit er selbst in Frieden sterben kann! Gott schickt ihn zu einem Mann namens *Isai* nach Bethlehem, um einen seiner Söhne zum König zu salben. Isai stellt dem Propheten seine Söhne – beginnend mit dem Ältesten – nacheinander vor. Sie sind alle gut gewachsene, muskulöse und stattliche Burschen, aber Jahwe hatte zu Samuel gesagt: „Sieh nicht auf ... Aussehen und ... stattliche Gestalt ...; Gott sieht nämlich nicht auf das, worauf der Mensch sieht. Der Mensch sieht, was vor den Augen ist, der Herr aber sieht das Herz" (1 Sam 16,7). Nachdem er sie einen nach dem andern angeschaut hat, fragt Samuel den Isai: „Sind das alle deine Söhne?" (16,11). Es stellt sich heraus, daß da noch einer ist. Der ist ein bißchen kurz geraten und hütet gerade die Schafe auf der Weide. Samuel will auch ihn sehen und läßt ihn holen. Der Jüngste ist natürlich *David*, und als Samuel ihn sieht, sagt Jahwe: „Auf, salbe ihn! Denn er ist es" (16,12). So salbt Samuel David auf der Stelle zum zukünftigen König über das ganze Volk.

Dies ist ein weiteres Beispiel dafür, daß Gottes Wahl oft ganz anders ausfällt als unsere. Auch dieses Thema zieht sich durch die ganze Bibel: Gott erwählt Abraham, einen Niemand, und macht aus ihm einen Jemand. Gott erwählt Jakob vor Esau, obwohl Esau der Erstgeborene und Jakob ziemlich durchtrieben ist. Gott erwählt Saul aus dem Stamm Benjamin, dem kleinsten und schwächsten der Stämme Israels. Und jetzt erwählt Gott David, den jüngsten und unerfahrensten Sohn eines ganz gewöhnlichen Vaters – und macht ihn zum König der Nation. Wenn wir so auf Gott hörten, wie Samuel es tat – wie oft würde unsere Wahl ganz anders ausfallen! Die Ersten könnten dann leicht die Letzten werden und umgekehrt.

Und Gott steht wirklich hinter David! Diesen Schluß kann man aus dem Kampf Davids mit *Goliat* in Kapitel 17 ziehen. Es ist dasselbe Thema, das uns schon in der Geschichte von den Mauern Jerichos begegnet ist, nur daß das Hindernis diesmal in einem Kerl wie einem Schrank besteht. Wie bei Simson enthält wahrscheinlich auch die Geschichte von diesem Philister-Riesen ein Körnchen Wahrheit, aber zu der Zeit, als die Geschichte aufgeschrieben wurde, war er schon auf fast drei Meter gewachsen! Der springende Punkt ist jedoch ganz einfach: Es ist die Geschichte des Jungen, der sich dem Mann stellen muß.

Es ist die Geschichte des Hirten, der es mit dem Soldaten aufnimmt. Es ist die Geschichte eines Menschen, der unglaublich im Nachteil ist. Und es ist die Geschichte, wie Gott die Nachteile aufwiegt, wenn wir eins sind mit der Mitte, wenn wir liebend vereint sind mit Gott.

Als David Goliat entgegentritt, vertraut er auf Gott. Der wankelmütige und kraftlos gewordene Saul, der von Davids Salbung noch nichts weiß, will ihm eine schwere Rüstung verpassen, aber David kann darauf verzichten. Jahwe wird seine Rüstung sein. Saul will ihm starke Waffen geben, aber David lehnt sie ab. Statt dessen hebt David einen Kiesel für seine Steinschleuder vom Boden auf und vollbringt mit einem Kinderspielzeug ein Manneswerk. Man beachte, daß Gott Saul nicht vom Blitz treffen läßt oder ähnliches. Gott braucht uns als Werkzeuge. Hier taucht erstmals im Ansatz das Thema der *Inkarnation* auf, der Menschwerdung Gottes, ein Thema, das allerdings erst im Neuen Testament voll zum Tragen kommt. Aber schon an diesem Punkt der Bibel können wir sehen, daß Gott *durch uns* handeln kann, wenn wir aus dem Glauben heraus handeln. Weil David wußte, daß seine Kraft von Gott kam, und weil er es zur Ehre Gottes tat, war er fähig, Unmögliches zu tun. Genauso ist es bei uns.

David war ein Mann, der Gott die Ehre gab. Er liebte Gott von ganzem Herzen. So wie viele fromme Jugendliche heute Gitarre spielen, war David ein begnadeter Harfenspieler und Liedermacher. Viele seiner Lieder sang er für Gott. Viele Psalmen der Bibel werden ihm zugeschrieben. David tanzte sogar vor Gott. Als König tanzte er öffentlich vor der Bundeslade! Seine Frau war darüber empört, aber ihm machte es nichts aus, vor Gott ein Kind zu sein – auch wenn er dabei das Risiko einging, lächerlich zu wirken. Man sollte beim nächsten Besuch eines feierlichen liturgischen Gottesdienstes einen Vergleich anstellen: warum haben unsere Bischöfe und Pfarrer nicht

81

wenigstens ein *bißchen* etwas von David? Warum haben *wir* nicht ein bißchen was von ihm?

Aber auch David war nicht vollkommen. Später, als er schon König war, verliebte er sich in Batseba, die attraktive Ehefrau eines seiner Generäle. Um sie zu kriegen, schickte er ihren Mann in eine Schlacht, in der er unweigerlich fallen mußte. Jahwe sandte den Propheten *Natan*, um David wegen dieser Sünde zur Rede zu stellen. Anders als die meisten Machthaber ließ David sich die Anklage gefallen. Er gestand ein, sich selbst und Gott untreu geworden zu sein. Seine Reue brachte er in einem Gedicht zum Ausdruck, das heute als Psalm 51 in der Bibel steht.

Deshalb kann David gerade heute ein Modell für die Kirche sein. In einer Zeit des Umbruchs lernte er durch Versuch und Irrtum; ja, er machte Fehler; aber er war fähig, seine Fehler zuzugeben. Als König repräsentiert er die institutionelle Seite der Kirche, ihre Macht und Autorität; aber er hört auch auf die charismatische Seite, für die der Prophet Natan steht. Wir werden Zeugen einer Zeit, die in der Geschichte Israels einmalig ist. Institution und Charisma arbeiten Hand in Hand, um gemeinsam das Gottesvolk aufzubauen. König und Prophet hören aufeinander, achten einander und lernen voneinander. Wo das passiert, da wird jene Kraft freigesetzt, die man da spürt, wo keiner nur auf sich selbst vertraut, sondern wo alle auf Gott vertrauen und die *gemeinsame* Wahrheit suchen.

Im *zweiten Buch Samuel* taucht ein weiteres wichtiges Thema der Heilsgeschichte auf: *Gnade.* Wir sind ihr schon in früheren Beispielen begegnet, denn Gnade heißt Geschenk, und alles, was die Israeliten bisher erreicht haben, ist Gottes Geschenk gewesen. Aber in 2 Samuel strahlt die Gnade ganz klar auf.

In Kapitel 7 hat David endgültig den Sieg über die Philister errungen, er hat Jerusalem zu seiner Hauptstadt gemacht, und er hat sich selbst einen prächtigen Palast gebaut. Die Bundeslade jedoch wurde noch immer in einem großen Zelt aufbewahrt wie damals, als die Israeliten ein Nomadenvolk waren. Deshalb geht David zum Propheten Natan und sagt: „Ich wohne in einem Haus aus Zedernholz, die Lade Gottes aber wohnt in einem Zelt" (2 Samuel 7,2). David will damit andeuten, daß er Gott ein Haus bauen will, einen Tempel. In der folgenden Nacht jedoch offenbart Gott dem Propheten seine Antwort auf Davids Plan:

„Du willst mir ein Haus bauen, damit ich darin wohne? Seit dem Tag, an dem ich die Israeliten aus Ägypten heraufgeführt habe, habe ich bis heute nie in einem Haus gewohnt, sondern bin in einer Zeltwohnung umhergezogen ... Ich habe dich von der Weide und von der Herde weggeholt, damit du Fürst über mein Volk Israel wirst, und ich bin überall mit dir gewesen, wohin du auch gegangen bist. Ich habe alle deine Feinde vor deinen Augen vernichtet, und ich will dir einen großen Namen machen, der dem Namen der Großen auf der Erde gleich ist. Ich will meinem Volk Israel einen Platz zuweisen ... Ich verschaffe dir Ruhe vor allen deinen Feinden. Nun verkündet dir der Herr, daß der Herr *dir* ein Haus bauen wird. Wenn deine Tage erfüllt sind und du dich zu deinen Vätern legst, werde ich deinen leiblichen Sohn als deinen Nachfolger einsetzen und seinem Königtum Bestand verleihen" (2 Samuel 7, 5–12).

Was hat nun das wieder zu bedeuten? Was will Gott damit sagen? Er sagt wohl: „Dein Angebot, mir ein Haus zu bauen, ist sehr lieb gemeint, aber ich brauche das nicht! Statt dessen werde ich *dir* ein Haus bauen!" Viele Leute stehen unter dem dauernden Zwang, etwas für Gott tun zu wollen. Aber was will Gott wirklich? Er will etwas für *sie* tun!

83

Die biblische Botschaft ist die Kehrseite jener alten Katechismusantwort, die besagte, daß wir auf der Welt sind, um Gott zu erkennen, zu lieben und ihm zu dienen. Die biblische Botschaft besagt, daß Gott uns geschaffen hat, damit er *uns* erkennen und lieben und *uns* dienen kann. Das ist die eigentliche Bedeutung von „Gnade": Gott beschenkt uns mit sich selbst, mit seiner Liebe und mit seinem Beistand. Wir sollen die Erfahrung machen, ganz und gar geliebt zu sein. Das ist mehr, als wir jemals hätten erbitten können; deshalb wartet Gott erst gar nicht darauf, daß wir darum bitten. Er schenkt uns sein Leben aus freien Stücken und spontan, großzügig und unaufhörlich. Deshalb bedeutet ein Leben in Gottes Gnade zugleich ein Leben in Kraft. Wir müssen für sie nur offen sein, wir müssen sie nur annehmen, achten und bewahren.

Menschen haben schon immer Gott Tempel und Kirchen errichten wollen. Und was will Gott die ganze Zeit? Er versucht, *uns selbst* zu einem Tempel zu machen, zu einem lebendigen Tempel, zu einem „Tempel des Heiligen Geistes", wie Paulus es ausdrückt (1 Korinther 3, 16 f). Das eigentliche Haus Gottes ist das Volk Gottes; das ist der Ort, wo Gott auf Erden wohnt. Ebenso ist mit dem „Haus Davids" nicht der Königspalast gemeint, in dem er lebt, sondern seine Familie, die Nachkommen Davids, die seine Tradition fortführen und Gott ebenso vertrauen und ihm dienen werden. Gottes Gnade ist es, die das Haus Davids errichtet, das Volk Gottes aufbaut, den Tempel des Geistes zusammenfügt und den Leib Christi wachsen läßt. Die Erschaffung der Kirche ist ein Gnadengeschenk, und wir sehen das ansatzweise bereits hier, 1000 Jahre vor der Entstehung der Kirche.

Während der Regierungszeit Davids erleben wir auch mit, wie sich jenes Muster umkehrt, das früher vorgeherrscht hat: Während der Richterzeit haben die Israeliten Jahwes Liebe ständig vergessen. Die Folge war, daß sie un-

terdrückt wurden; sie taten Buße und wurden errettet.
Nun aber beginnen sie zu begreifen, daß Gott sie schon
rettet, *bevor* sie bereuen. Sie fangen an zu begreifen, daß
Gottes Liebe *bedingungslos* ist. Sie merken allmählich,
daß sie nichts zu ihrem Heil und zu ihrer Errettung beitragen können. Gott errettet und erlöst einfach deshalb, weil
das seinem *Wesen* entspricht. Gott ist der Befreier; Gott
ist der Liebende – und er ergreift die Initiative! Und wir
können niemals „würdig" sein.

Alles dreht sich um das Thema Gnade. Wenn sich Menschen von Gott abwenden und sündigen, hat das unange-
nehme Folgen für sie, weil das Böse aus sich heraus Böses
hervorbringt. Dann bereuen sie womöglich, machen eine
Wende um 180 Grad und fangen an, Gutes zu tun. Genau
an diesem Punkt beginnt Israel zu begreifen, daß Gott sein
Volk liebt – und zwar nicht, *weil* sie umkehren, sondern
bevor sie umkehren. Im Grunde ist es überhaupt erst die
Wahrnehmung der unfehlbaren Liebe Gottes, die zu echter Reue und zu wirklicher Umkehr des Herzens führt.
Authentische Buße entsteht immer aus der Erfahrung,
daß Gott uns *zuerst* geliebt hat. Dadurch wächst uns die
Kraft zu, Gott unsererseits zu lieben. *Meister Eckhart*
drückte es viel später so aus: „Die Augen, mit denen wir
zurückschauen zu Gott, sind dieselben Augen, mit denen
uns Gott zuerst angeschaut hat."

1 und 2 Könige

Je weiter wir in die Königsbücher eindringen, desto deutlicher sehen wir, wie der empfindliche Balanceakt zwischen
Charisma und Institution immer mehr ins Wackeln gerät.

Davids Sohn *Salomo* ist wegen seiner Weisheit berühmt. Das Buch der Sprichwörter wird ihm ebenso zugeschrieben wie ein Großteil der übrigen Weisheitsliteratur

der Bibel, ähnlich wie David viele Psalmen zugeschrieben werden. Unter Salomos Regentschaft wird das Königreich Israel wirklich durchorganisiert. Er knüpft Handelsbeziehungen mit Israels Nachbarn an; er bringt Bergbau, Schiffsindustrie und Handwerk zur Blüte; er rüstet die Armee auf und errichtet in Jerusalem einen imposanten Tempel zur Ehre Gottes.

Zu Salomos Lebzeiten scheint alles gut zu gehen, aber die Institutionalisierung gewinnt bereits die Oberhand. Königlicher Triumphalismus überwiegt gegenüber prophetischem Realismus. Alles ist erfolgsorientiert. Die Israeliten sehen sich als aufstrebende Nation und schreiben all dies immer mehr sich selbst zu anstatt Gott. Das Leben besteht nur aus Schaffen und Bauen, Schaffen und Bauen. Auch die Tempelliturgie wird bombastisch und spektakulär. Wir können das alles gut nachvollziehen, denn genau dasselbe ist später in der Kirche passiert.

Währenddessen gerät die sensible Balance aus dem Gleichgewicht. Handel und Bauwesen konzentrieren sich größtenteils auf den Süden; Jerusalem floriert. Aber die Bewohner des Nordens stöhnen unter der Steuerlast. Ihre jungen Männer werden in die Armee und in den staatlichen Baudienst zwangsverpflichtet. Sie entfremden sich vom Tempelgottesdienst. Sie beginnen, die Ungerechtigkeit dieses Ungleichgewichts zu spüren.

Als Salomo stirbt, revoltieren die Stämme des Nordens gegen den Triumphalismus des Südens; es kommt zur Reichsteilung. Die zehn Nordstämme errichten das Königreich Israel mit einem eigenen König und einem eigenen Tempel. Die beiden Südstämme bilden das Königreich Juda. So fordert der ausufernde Institutionalismus Salomos noch nachträglich seinen Tribut. Durch seine hohen Militärausgaben und seine geistliche Verarmung hat Salomo die Einheit der Nation zerstört.

Auch hierfür gibt es Parallelen in der Kirchengeschichte. Im Mittelalter wurde das Christentum „vom Süden" (Rom) beherrscht. Im Laufe der Zeit nahm im Süden der Triumphalismus überhand. Großartige Kathedralen und Basiliken wurden errichtet (einschließlich der pompösen Peterskirche), Päpste und Bischöfe lebten in herrlichen Palais, die Gottesdienste waren prachtvoll. In all diesem Institutionalismus ging der Geist verloren, das Angesicht Christi wurde entstellt. Deshalb revoltierten die Christen „im Norden" (Deutschland); sie wollten die Kirche reformieren. Bei ihrem Versuch, den Geist wiederzuerlangen, kam es zum Bruch mit der Institution. Der Protestantismus entstand.

Es gab eine Zeit, in der wir Katholiken die protestantische Reformation ausschließlich negativ beurteilten. Erst die Weisheit im Zweiten Vatikanischen Konzil sah, daß das Bild nicht schwarzweiß war. Das Konzil entdeckte die Weisheit der Bibel ganz neu; die Bibel aber sagt uns, daß die Nordstämme nicht durch und durch böse waren – und die Südstämme nicht durch und durch gut. Zwar verließen die Nordstämme gleichsam „die Kirche", während Juda die ursprünglichen Einrichtungen beibehielt; aber Juda hatte den Geist verloren, jenen charismatischen Gottesgeist, der allein Institutionen mit Leben füllen kann.

Getrennt von ihren südlichen Geschwistern, verloren jedoch auch die Nordstämme immer mehr den Geist Jahwes. Sie verfielen in ihre eigene Form von Institutionalismus und Triumphalismus. Viele Protestanten werden zugeben, daß genau dies mit ihren eigenen Kirchen geschehen ist. Das alles können wir aus der christlichen Geschichte lernen; und wir können unsere eigene Geschichte besser verstehen, wenn wir die biblische Geschichte meditieren.

Aber selbst auf dem Gipfel des Institutionalismus (oder vielleicht gerade dort) versucht der charismatische Geist Gottes sich Raum zu schaffen, um das ursprüngliche

Gleichgewicht wiederherzustellen. In unserem Jahrhundert zum Beispiel gab es schon vor der Einberufung des Konzils jene prophetischen Gestalten, die in der Kirche ihre Stimme erhoben und sie zur Erneuerung riefen.

Während der biblischen Periode der Reichsteilung verschaffte sich diese Stimme in Gestalt des Propheten Elija Gehör. In 1 Könige 19 führt Jahwe ihn in die Sinaiwüste hinaus, durch die vor langer Zeit die Israeliten gewandert waren. Er führt ihn zu jenem Berg, an dem Gott seinen Bund mit ihnen geschlossen und ihnen die Gebote gegeben hatte. Hier kommt Elija mit dem Herzstück ihrer Tradition in Berührung: mit Gottes Liebesinitiative und mit Israels vertrauensvoller Antwort. Danach kehrt Elija zurück und predigt dem Volk.

Er ruft das Volk auf, an die Quelle zurückzukehren: zum Gottesbund. Er warnt sie: wenn sie das nicht tun, sondern versuchen, ihre lächerlichen Königreiche eigenmächtig zu erhalten, werden sie von ihren Feinden dem Erdboden gleichgemacht werden. Seine Botschaft ist nicht nur religiös; sie hat soziale und politische Implikationen wie die Botschaft aller Propheten.

Auf Elija folgt Elischa, nachzulesen im Zweiten Buch der Könige. Seine prophetische Botschaft ist im Grunde dieselbe: Kehrt um zu Gott; kehrt um zum Bund! Vertraut nicht auf falsche Götter und auf andere Verbündete! Jahwe ist es, der euch retten wird – nicht eure eigene Stärke und eure eigene Schlauheit. Aber weder das Volk noch die Könige wollen auf ihn hören.

Beide Königreiche verharren trotz Elija und Elischa in ihrer Treulosigkeit. Sie vergessen Gottes Liebe. Sie vergessen, daß Jahwe sie aus der Sklaverei befreit hat. Sie vergessen, daß Jahwe sie durch die Wüste geführt hat. Sie vergessen, daß Jahwe es war, der sie am Leben erhalten hat. Und so fällt Israel, das Nordreich, im Jahre 721 vor Christus an die Assyrer. Die zehn Stämme werden deportiert und über den gesamten Mittleren Osten verstreut. Wir hören nie wieder von ihnen. Manchmal nennt man sie auch die „verlorenen Stämme Israels".

Erschrocken läßt sich der König des Südreiches doch auf eine Reform ein. Er zerstört die Götterbilder und stellt den Jahwedienst im Tempel wieder her. Aber die Reform ist halbherzig. Im Jahre 587 fällt Juda an die Babylonier. Jerusalem wird erobert, und der Tempel wird zerstört.

Wie sollte das Volk damit umgehen? Hatte Jahwe seine Verheißungen rückgängig gemacht? Hatte er aufgehört, sie zu lieben? Die judäische Bevölkerung wurde für die nächsten 60 Jahre ins Exil verschleppt, und viele von ihnen kehrten aus der babylonischen Gefangenschaft nicht mehr heim. Die späteren Heimkehrer kamen wieder nach Juda (die Römer nannten es später „Judäa"), weshalb wir ihre Nachkommen bis heute „Juden" nennen. Das war alles, was von den ursprünglich zwölf Stämmen Israels übriggeblieben war.

Nach und nach besiedelten die Juden auch wieder das nördliche Territorium, das jetzt Galiläa hieß, wo später Jesus aufwuchs und wo sich der größte Teil seines öffentlichen Wirkens ereignete. Zwischen Judäa und Galiläa war ein Gebiet, das Samaria hieß. Hier wohnte eine Mischbevölkerung, in deren Religion israelitische und heidnische Elemente zusammenflossen. Die Samaritaner verstanden sich selbst als Nachkommen des alten Nordreiches, aber für die Juden waren sie Bastarde und Ketzer. Deswegen schauten auch die Juden zur Zeit Jesu auf die Samaritaner herunter.

Aber das alles liegt noch 500 Jahre in der Zukunft. Zunächst befinden sich die Juden im Exil und versuchen, die Wege Gottes zu begreifen und ihr eigenes Geschick zu deuten. Schließlich wird ihnen das klar, was für uns heute im Rückblick so offensichtlich ist: Die Reichsteilung, der

Zusammenbruch und das Exil waren alles Folge ihrer Untreue gegenüber dem Jahwebund. König und Reich hatten aufgehört, Gott zu dienen und statt dessen sich selbst gedient. Sie waren sich selbst zum Ziel geworden.

Nichts in dieser Welt ist sich selbst Ziel, nicht einmal die Kirche. Nur Gott ist „Ziel"; alles andere ist ein Weg zu diesem Ziel. Nur Gott errettet; nichts sonst kann uns retten. Nicht das Gesetz, nicht die Bibel, nicht der Papst, nicht die Sakramente, nicht einmal die Kirche. Die Kirche ist Gottes Geschenk an uns. Sie vermittelt uns Gottes Wort, damit wir ihm erlauben, uns zu erretten. Wenn wir die Wege zum Ziel machen, vergessen wir das. Wir denken zwar, wir würden Gott an die erste Stelle setzen, aber in Wirklichkeit setzen wir uns selbst an die erste Stelle.

Jesus hat das vollkommen begriffen. Wenn die Kirche das *neue* Israel ist, müssen wir uns daran erinnern, daß Jesus ein Kind des *alten* Israel war, des ursprünglichen Gottesvolkes. Dennoch setzte Jesus Israel niemals an erste Stelle; er setzte Gott an erste Stelle. Er sprach von Jahwe, von der Liebe des Vaters, von der Treue zu dieser Liebe. Er predigte nie über Israel. Dennoch verachtete Jesus sein Volk nicht; er liebte Israel. Ebensowenig sollten wir die Kirche an die erste Stelle setzen. Wir sollten vielmehr „nach Gottes Reich und seiner Gerechtigkeit trachten". Aber wir sollten auch nicht gegen die Kirche kämpfen, es sei denn, sie vergötze sich selbst. Wir sollten die Kirche lieben. Gott liebt die Kirche heute ebenso wie er Israel geliebt hat und liebt.

Wenn wir die Kirche lieben, müssen wir sie lieben, wie sie ist, denn auch Gott liebt sie so. Wir können sie nicht so lieben, wie sie vor 50 Jahren war; diese Kirche ist passé. Wir können sie auch nicht so lieben, wie sie in 50 Jahren sein wird; diese Kirche ist noch nicht da. Die einzige Kirche ist die real existierende Kirche heute, und die einzige

90

echte Liebe zur Kirche ist die Liebe zu den Menschen, die heute zu ihr gehören.

Das bedeutet mitnichten, daß wir der Institution blind vertrauen müßten. Diesen Fehler hat Israel gemacht. Wir sollen nicht meinen, unsere Einrichtungen – Gesetze, Bräuche, Bekenntnisse und sogar Sakramente – seien Selbstzweck. Oft neigen wir dazu, Menschen zu verachten, die die Dinge anders sehen oder sagen als wir. Die Juden verachteten die Samaritaner, aber Gott sagte, auch die Samaritaner sind gut.

Die Wahrheit, die uns die Bibel vermittelt, ist keine Institution. Biblische Wahrheit ist eine Person und eine personale Beziehung. Es ist jene Liebesbeziehung, die wir nicht nur zu der Person Gottes aufnehmen, sondern zu jeder Person, die uns begegnet. In dieser Liebesbeziehung ereignet sich die Wahrheit. Es ist die Wahrheit über Gott und die Wahrheit über uns. In dieser Liebesbeziehung werden wir davon befreit, uns an Institutionen zu klammern und an all das, was nicht Gott ist. Durch diese Wahrheit werden wir freie Menschen.

Viertes Kapitel

Die Propheten –
Radikale Traditionalisten

Leidenschaftlich, überaus bildreich, mitunter rätselhaft – so redet die prophetische Literatur der Bibel zu uns, heute ebenso kraftvoll wie in der Antike. Wir müssen allerdings zulassen, daß uns das prophetische Wort im Innersten trifft und unsere Absicherungen unterwandert, wie es das damals in Israel tat.

Was es heißt, Prophet zu sein

Hören wir zu, wie der Prophet Jeremia beschreibt, mit welcher Wucht Gottes Wort ihn getroffen hat:

Du hast mich betört, o Herr,
und ich ließ mich betören;
du hast mich gepackt und überwältigt.
Zum Gespött bin ich geworden den ganzen Tag,
ein jeder verhöhnt mich.
Ja, sooft ich rede, muß ich schreien,
„Gewalt und Unterdrückung" muß ich rufen.
Denn das Wort des Herrn bringt mir
den ganzen Tag nur Spott und Hohn. Sagte ich aber·
Ich will nicht mehr an ihn denken
und nicht mehr in seinem Namen sprechen!
So war es mir, als brenne in meinem Herzen ein Feuer,
eingeschlossen in meinem Innern.
Ich quälte mich, es auszuhalten,
und konnte nicht ... (Jeremia 20, 7–9).

Diese Beschreibung läßt an Dramatik nichts zu wünschen übrig. Nicht jeder Prophet mußte so mit dem Auftrag Gottes ringen. Und doch enthält dieser Abschnitt einen Aspekt, der für alle Propheten zu allen Zeiten Gültigkeit hat: In jedem Zeitalter sendet Gott Propheten; aber jedes Zeitalter weist die Propheten ab, weil das Wort Gottes immer ein zweischneidiges Schwert ist. Manchmal ist es ein tröstendes Wort; aber weit öfter ist es ein beunruhigendes Wort.

Die Propheten stehen in unserer Mitte und reden Klartext; sie sprechen das unbequeme Wort aus, das die Leute nicht hören wollen. Wenn du glaubst, daß das Wort nichts von dir verlangt und dich nicht herausfordert, hast du es noch nicht wirklich gehört. Wenn es dich nicht gerufen hat zu sterben, das Leben hinzugeben, dich selbst zu vergessen, hast du es noch nicht gehört. Wenn es dich nicht auf einen Weg ruft, den du freiwillig nicht gehen würdest, hast du weder die Stimme der Propheten vernommen noch das Wort, das durch sie redet.

Jesus wußte nur zu gut, was es heißt, Prophet zu sein. Er wußte, daß die meisten Propheten abgelehnt oder sogar umgebracht worden waren – ausgerechnet von denen, denen sie helfen wollten. Meistens wurden die Propheten zu *religiösen* Menschen gesandt, zu Synagogengängern – zu Kirchgängern wie uns. Aber diese „guten" Leute hatten sich in ihrer Religiosität zu bequem eingerichtet, um ein Ohr für die unbequemen Worte der Propheten zu haben.

Denn der Prophet ist weniger jemand, der in die *Zukunft* sieht als vielmehr der, welcher die *Gegenwart* mit unbestechlicher Klarheit wahrnimmt. Er ist weniger ein Mensch, der *voraus*blickt, als einer, der *durch*blickt. Er oder sie hört hier und heute auf Gott. Der Prophet hört, was Sache ist, und verkündet es der Welt. Aber die Welt möchte die Realität allzuoft einfach nicht wahrhaben und stellt sich deshalb den Worten der Propheten gegenüber taub.

Propheten sind selten etablierte Leute. Sie sehen sich oft einer institutionalisierten Theologie gegenüber, die dazu neigt, den *Status quo* göttlich abzusegnen. Etablierte Traditionen üben oft eine Macht aus, die sie nicht verdienen. Wenn sie nicht den Zielen Gottes dienen, dienen sie anderen Herren. Wenn Traditionen nicht ständig hinterfragt werden, werden sie zu Götzen. Die Hauptgötzen sind etablierte Institutionen; und die potentiell gefährdetste unter ihnen ist diejenige, die wir „Kirche" nennen.

Propheten in Israel gerieten oft mit den herrschenden Kreisen ihrer Zeit in Konflikt, die ihre bewährten Traditionen hüteten. Jesus selbst, der letzte und größte der Propheten Israels, richtete seine schärfsten Worte gegen die Priester und Schriftgelehrten des Tempels, und er wurde von den religiösen Führern zum Tode verurteilt. Propheten unserer Zeit, Männer und Frauen gleichermaßen, geraten ebenfalls häufig in Konflikt mit dem Klerus und der Hierarchie. Schön, wenn es nicht so weit kommt; aber oft kommt es soweit.

Das wichtigste Thema in der Botschaft aller Propheten ist die Treue: die Treue Gottes und die Treue des Volkes. Die Propheten waren Israels soziales Gewissen, so wie auch die heutigen Propheten Frauen und Männer des *Gewissens* sind. Wir machen uns gerne vor, daß unser Handeln mit Gottes Willen im Einklang steht. Aber manchmal driften wir – eigensinnig wie wir sind – von Gottes Willen ab und merken selber nicht, daß wir gar nicht mehr auf Gottes Ziele hin unterwegs sind. Wir vergötzen unsere eigenen Ziele, verzieren sie mit Gesetzen und Regeln und umgeben sie mit dem Heiligenschein der Ehrbarkeit. Wir sagen, das sei Gottes Wille – aber in Wahrheit ist es unser eigener Wille. Und irgendwann kommt ein Prophet des Wegs, der im Namen Gottes spricht, zum Beispiel so, wie es Jesaja sinngemäß sagt: „Dieses Volk ist mir nur mit dem Mund nah und ehrt mich bloß mit den Lippen. Aber ihr Herz ist mir fern, und ihre Religion ist nichts als eine menschliche Einrichtung" (vgl. Jesaja 29,13). Die Botschaft des Propheten zielt auf unser Gewissen und ruft uns zur Wahrhaftigkeit.

Grundlage dieses Gewissensappells ist die Kehrseite der prophetischen Botschaft: Gottes Treue zu uns. Um das plastisch zu demonstrieren, verlangte Gott einst vom Propheten Hosea, seine treulose Ehefrau Gomer wieder aufzunehmen. Hosea tat es; aber kurz danach brannte Gomer mit einem anderen Mann durch. Gott befahl dem Propheten, sie abermals aufzunehmen, und Hosea gehorchte pflichtschuldig. Aber ziemlich bald lief seine Frau wieder davon, um sich auf eine Affäre einzulassen. Das passierte immer wieder, bis Hosea das Ganze restlos satt hatte. Er wollte sie einfach nicht noch einmal aufnehmen, obwohl Gott ihm befahl, sie weiterhin zu lieben.

Schließlich begriff der Prophet, worum es ging: Israel war Jahwe gegenüber treulos gewesen und hatte sich für andere Götter prostituiert. Aber Gottes Liebe streckte sich weiterhin nach Israel aus, um sein Volk wieder zu sich zu ziehen. Gott war treu, obwohl das Volk untreu war. Deshalb bat Gott diesen Gottesmann, es genauso zu machen wie er selbst, um dem Volk vor Augen zu führen, wie es tatsächlich um Gottes Liebe stand. Gott wartete geduldig und treu auf den Tag, an dem Israel endlich zu ihm zurückkehren würde: „Alsdann wirst du mich nennen: Mein Mann! ... Und ich will sagen: Du bist mein Volk!, und er (Israel) wird sagen: Du bist mein Gott!" (Hosea 2,18.25, Lutherübersetzung).

Die Geschichte Hoseas illustriert, wie der prophetische Durchblick in der Regel zustande kommt: zunächst durch Rückblick. Propheten blicken zurück in die Vergangenheit und sehen das Handeln Gottes in der Geschichte. Sie

95

werden dadurch sensibel für die Wirkmuster der schöpferischen Liebe Gottes, für seinen Ruf zum Vertrauen und für das überraschende Leben, das er denjenigen schenkt, die ihr Vertrauen auf ihn – und ihn allein! – setzten. Sie begreifen das Muster, das dem Auszug aus Ägypten, der Einnahme Kanaans und der Gründung des davidischen Königreichs zugrunde liegt. Dieses Werkmuster ist das universale Muster des Heils: immer ist es Gott, der liebt, der ruft und lockt, der neues Leben schenkt. Durch das Reflektieren der Vergangenheit sehen die Propheten auch, was immer wieder passiert ist, wenn das Volk nicht an Gottes Liebe geglaubt und seinem Ruf nicht Folge geleistet hat: dann sind sie jedesmal in den Tod gelaufen anstatt ins Leben; dann kam es jedesmal zu Ungerechtigkeit, Unterdrückung und Untergang.

Weiterhin wenden die Propheten ihren Blick der *Gegenwart* zu. Sie betrachten die gegenwärtige Lage, um zu sehen, welches Wirkmuster sie in ihrer jeweiligen Umwelt entdecken können: ist es das Muster des Heils, das zum Leben führt, oder ist es das Muster der Sünde, das zum Tod führt? Wenn ihre prophetische Intuition ihnen sagt, daß Letztgenanntes vorherrscht, verkünden sie: „Das ist nicht Gottes Weg! Ihr lauft in die verkehrte Richtung!"

Schließlich wird aus dem prophetischen *Durchblick* am Ende doch auch so etwas wie ein *Vorblick:* Der Prophet sieht, was passieren wird, wenn das Volk nicht dem göttlichen Muster folgt, sondern irgendeinem selbstgestrickten Muster. Propheten sind keine Hellseher, aber sie können voraussagen, daß die Zukunft übel aussehen wird, wenn das Volk keine anderen Wege einschlägt. Sie können nicht sehen, was zukünftig geschehen wird, aber sie können sehen, daß die herrschenden Verhältnisse eine Tendenz haben, die nur zum Ruin führen kann. Der Prophet Jeremia empfand – wie wir gesehen haben – die Einsicht

96

in den bevorstehenden Untergang Jerusalems als schwere Bürde.

Die Propheten reflektieren also die Vergangenheit, nehmen zur gegenwärtigen Lage Stellung und verweisen auf die Zukunft. Indem sie die Lage kommentieren, müssen sie oft Dinge aussprechen, die man nicht hören will. Was Jeremia zum Beispiel einfach sagen *mußte,* klang unpatriotisch, unrealistisch und entsprach nicht der Staatsraison Judas. Aber so sprechen alle echten Propheten. Propheten sind prinzipiell anti-nationalistisch und bekämpfen alles, was zum Nationalismus führt. Obwohl Christen jahrhundertelang Nationalismus für gut hielten, läuft er der prophetischen Botschaft gegen den Strich. Nationalismus ist unbiblisch. Aber wer will das heute hören? Auch in biblischen Zeiten wollten die Menschen so etwas nicht hören.

Und dennoch waren die Propheten allesamt Optimisten. Sie waren von Haus aus optimistisch, weil sie Gottes Erlösungsabsicht begriffen hatten. Sie sahen, wie Gottes Liebe immer wieder durchgebrochen war, menschlichen Zweifel und Widerstand überwunden und Heil und neues Leben bewirkt hatte. Sie sahen, daß das passiert war, und sie glaubten daran. Auch wenn sie selbst das Volk mit allen Mitteln aufzurütteln versuchten, trugen sie in sich das Vertrauen, daß Gott sich selbst dann durchsetzen würde, wenn das Volk nicht aufwachen und nicht hören würde. Ohne dieses Vertrauen wären sie keine Propheten geworden. Sie waren sich ganz sicher, daß das Wort Gottes wahr ist und daß am Ende die Wahrheit siegen wird.

Wir müssen allerdings zugeben, daß die Propheten zeitweise pessimistische Optimisten waren! Für die unmittelbare Zukunft sahen sie häufig schwarz, wenn sich das Volk weigerte, zu Gott umzukehren. Sie sahen prinzipiell schwarz für alle Pläne, die Menschen zu ihrer Selbstrettung ausheckten. Aber sie sahen ebenso klar, daß Gott allein Gott ist. Ihr prophetischer Durchblick sagte ihnen irgendwie, daß Gott – trotz aller Widerstände, trotz aller Dummheit – am Ende gewinnen würde.

Einige Propheten aus der Nähe betrachtet

Diejenigen Propheten, nach denen biblische Bücher benannt sind, heißen „Schriftpropheten". Einige dieser Bücher wurden ganz oder zum Teil von den Propheten selbst niedergeschrieben. Andere wurden ohne Zweifel von Schreibern verfaßt, die die Worte und Taten eines Propheten sammelten und in ihrer jetzigen Form herausgaben. Die Schriftpropheten erschienen relativ spät in der Geschichte Israels: kurz vor dem Untergang des geteilten Reiches.

Schon vor dem Auftreten der Schriftpropheten gab es jedoch in der Geschichte Israels prophetische Gestalten. Sie tauchen in den Samuel-, Königs- und Chronikbüchern auf. *Samuel, Natan, Elija* und *Elischa* sind die bedeutendsten dieser „nichtschreibenden" Propheten (Mose paßt nicht ganz in diese Kategorie. Er war zwar zweifelsohne eine prophetische Gestalt, aber die meisten Texte, die ihm zugeschrieben werden, haben keinen prophetischen Charakter).

Der früheste Schriftprophet war *Amos.* Er lebte im achten vorchristlichen Jahrhundert, als noch beide Königreiche existierten. Obwohl Amos aus dem Südreich stammte, predigte er im Nordreich, so wie Hosea, der Gottes unermüdliche Liebe zu seinem treulosen Volk verkündigte. Das Hauptthema von Amos' Prophetie war soziale Gerechtigkeit. Er erhob im Namen Gottes die Stimme für die Armen und Unterdrückten in Israel und gegen die Reichen und Mächtigen:

Hört dieses Wort, die ihr die Schwachen verfolgt und die Armen im Land unterdrückt. Ihr sagt: „Wann ist das Neumondfest vorbei? Wir wollen Getreide verkaufen. Und wann ist die Saat vorbei? Wir wollen den Kornspeicher öffnen, das Maß kleiner und den Preis größer machen und die Gewichte fälschen. Wir wollen mit Geld die Hilflosen kaufen, für ein paar Sandalen die Armen. Sogar den Abfall des Getreides machen wir zu Geld." Beim Stolz Jakobs hat der Herr geschworen: „Keine ihrer Taten werde ich jemals vergessen" (Amos 8, 4–7).

Für Amos und die gesamte biblische Tradition besteht die Ursache der Armut in der Ausbeutung durch die Reichen und in der Habsucht der Wohlhabenden – allenfalls noch in Krankheiten und Katastrophen. Niemals hat die Bibel der Faulheit der Armen oder ihrem Mangel an Talent die Schuld gegeben. Sie hat niemals die Opfer bezichtigt, wie man das heute gerne tut.

Ungefähr zur selben Zeit predigte der Prophet *Micha* im Südreich Juda weitgehend dieselbe Botschaft. Er erlebte mit, wie das Nordreich unterging, und seine prophetische Intuition sagte ihm, daß dem Süden dasselbe Geschick bevorstand:

Hört doch, ihr Häupter Jakobs und ihr Richter aus dem Haus Israel! Ist es nicht eure Pflicht, das Recht zu kennen? Sie aber hassen das Gute und lieben das Böse. Sie fressen mein Volk auf, sie ziehen den Leuten die Haut ab ...

Ihr verabscheut das Recht und macht alles krumm, was gerade ist. Ihr erbaut Zion mit Blut und Jerusalem mit lauter Unrecht. Die Häupter dieser Stadt sprechen Recht und nehmen dafür Geschenke an, ihre Priester lehren gegen Bezahlung. Ihre Propheten wahrsagen für Geld, und doch berufen sie sich auf den Herrn und sagen: „Ist nicht der Herr in unserer Mitte? Kein Unheil kann über uns kommen." Darum wird Zion euretwegen zum Acker, den man umpflügt, Jerusalem wird zu einem Trümmerhaufen, der Tempelberg zur überwucherten Höhe (Micha 3, 1.9–12).

Nach Aussage der Propheten ist Gott prinzipiell auf der Seite der Armen. Erst jetzt entdecken wir diese Perspektive allmählich wieder, wenn wir mit der lateinamerikanischen Befreiungstheologie von der göttlichen (und kirchlichen) „Option für die Armen" reden. Gott hat eine Vorliebe für das Niedrige; große Heilige wie Franz von Assisi, Vinzenz von Paul und charismatische Gestalten unsere Tage wie Mutter Teresa haben diese Vorliebe immer geteilt.

Die Bücher *Hosea, Amos* und *Micha* sind ziemlich kurz. Das Buch *Jesaja* dagegen ist die längste Sammlung prophetischer Worte. Moderne Bibelgelehrte sind sich einig, daß dieses Buch in drei unterschiedlichen Zeiträumen von mindestens drei verschiedenen Autoren geschrieben und später in einem Buch zusammengefaßt wurde. Der erste Teil oder „Protosjesaja" (Kapitel 1–39) stammt aus dem achten Jahrhundert, jener Periode, von der eben die Rede war. „Deuterojesaja" (Kapitel 40–55) wurde während des babylonischen Exils aufgeschrieben – vielleicht von einer Frau. Und „Tritojesaja" (Kapitel 56–66) entstand nach dem Exil. Wenn man das bei der Jesajalektüre im Kopf behält, sieht man deutlich, daß die Autoren in unterschiedliche Situationen hineinsprechen und das wiedergeben, was Gott dem Volk in jeweils veränderter Lage mitteilen wollte.

Das „erste" Jesaja ist der Prophet, der dem ganzen Buch den Namen gegeben hat. Er lebte wie Micha in Juda und sah den Verfall des Südreiches voraus, weil die Herrschenden und das Volk die Wege Gottes verlassen hatten. Wieder hören wir Gottes Urteil über Reichtum und Ungerechtigkeit:

Weh euch, die ihr schon früh am Morgen hinter dem Bier her seid und sitzen bleibt bis spät in die Nacht, wenn euch der Wein erhitzt. Bei ihren Gelagen spielt man Zither und Harfe, Pauken und Flöten; aber was der Herr tut, beachten sie nicht, was seine Hände vollbringen, sehen sie nicht. Darum muß mein Volk in die Verbannung; denn es hat keine Erkenntnis. Seine Reichen sterben vor Hunger, die Masse der Armen verschmachtet vor Durst (Jesaja 5,11–13).

Zefanja, Habakuk und *Nahum* lebten in der Mitte des siebten Jahrhunderts, lange Zeit nach dem Fall des Nordreiches, aber eine Generation vor dem Untergang des Südens. Ihr prophetischer Durchblick sagte ihnen, daß das Ende unaufhaltsam war, daß Judas „Sicherheiten" in Wirklichkeit keine Sicherheit bieten konnte und daß ihre „Tröstungen" keinen wahren Trost enthielten:

Der Tag des Herrn ist nahe, der gewaltige Tag, er ist nahe, schnell kommt er herbei. Horch, der Tag des Herrn ist bitter, da schreit sogar der Kriegsheld auf ...

In jener Zeit durchsuche ich Jerusalem mit der Laterne und rechne ab mit den Herren, die dick geworden sind auf ihrer Hefe und denken: „Der Herr tut weder Gutes noch Böses." Darum werden ihre Reichtümer geraubt und ihre Häuser verwüstet. Sie werden Häuser bauen, aber nicht darin wohnen; sie werden Weinberge anlegen, aber den Wein nicht trinken (Zefanja 1,14.12–13).

Nichtsdestotrotz gaben die Propheten niemals die Hoffnung auf, daß die Israeliten eines Tages wieder „anawim" würden, „Demütige", schlichte Menschen, die auf Gottes Stimme hören und auf seine Liebe vertrauen. Unaufhörlich riefen die Propheten deshalb das Volk zur Umkehr:

Sucht den Herrn, ihr Gedemütigten (anawim) im Land, die ihr nach dem Recht des Herrn lebt. Sucht Gerechtigkeit, sucht Demut! Vielleicht bleibt ihr geborgen am Tag des Zorns des Herrn (Zefanja 2, 3).

Jeremias Laufbahn als Prophet begann kurz vor dem Untergang Jerusalems. Er erlebte noch mit, wie das Volk in die Verbannung verschleppt wurde. Von allen Propheten hat er, menschlich gesehen, die deutlichsten Konturen, weil sein Buch so viele biographische Einzelheiten enthält. Wie wir schon zu Beginn des Kapitels gehört haben, ist er es, der zu Gott schreit und sich (sinngemäß) beschwert: „Jahwe, du hast mich verführt! Du hast mir das eingebrockt! Ich wollte das nie. Ich habe keine Lust, dein Wort zu predigen. Aber wenn ich es nicht tue, brennt es in mir wie Feuer!" (vgl. Jeremia 20, 7 ff). Hier haben wir wieder dieses zweischneidige Schwert! Er kann vor Gottes Wort nicht davonlaufen; aber wenn er es ausspricht, erntet er Spott und Haß. „Verflucht der Tag, an dem ich geboren wurde", klagt er, „der Tag, an dem meine Mutter mich gebar ..." (Jeremia 20, 14). Obwohl ihn sein Auftrag unendlich quält, bleibt Jeremia der Berufung unerschütterlich treu, das Wort auszusprechen, das in ihm brodelt.

Er wütet gegen den Tempel und gegen jene, die ihn zu einem Götzen gemacht haben, weil sie denken, der Tempel könne sie schützen:

So spricht der Herr der Heere, der Gott Israels: Bessert euer Verhalten und euer Tun, dann will ich bei euch wohnen hier an diesem Ort! Vertraut nicht auf die trügerischen Worte: Der Tempel des Herrn, der Tempel des Herrn, der Tempel des Herrn ist hier! (Jeremia 7, 3–4).

Die Leute meinen, Gott würde sie erretten, bloß weil sie Juden sind. Sie glauben, die Tatsache, daß sie den Tempel haben, ist eine Art Lebensversicherung. Aber der Tempel kann sie nicht retten, was sich am Ende auch tatsächlich zeigt.

Im Neuen Testament hat Jesus abermals gegen den Tempel prophezeit. Der wiedererbaute Tempel war erneut zum Götzen geworden, zum Ersatz für den wahren Tempel: einen Leib, in dem Gottes Geist wohnt. Dieser Geist wohnte in Christus und in denen, die als Gemeinschaft des Glaubens und der göttlichen Kraft mit dem Heiligen Geist erfüllt waren. Der Tempel, den Gott zu errichten versuchte, war nicht aus Stein. Auch die Kirche, die Gott heute baut, besteht nicht aus Ziegeln und Mörtel.

Wie leicht verliert man das aus dem Blick, selbst in einer Lebensgemeinschaft wie der unseren, „New Jerusalem". Einmal renovierten wir ein Haus; wir wollten es für Einkehrtage am folgenden Wochenende herrichten, und es sollte einfach gut aussehen. Ich trieb die Helfer an und gab Anweisungen nach links und rechts, als einer der Jugendlichen eine Dose Farbe umstieß und alles verschüttete. Ich schrie ihn an, aber in diesem Moment kam ein anderer junger Mann auf mich zu und sagte zu mir: „Pater, diese ganze Arbeit ist doch nicht so wichtig. Sie wissen das selbst. Wir sind doch in erster Linie hier, um uns liebzuhaben." Ich mußte meinen Stolz runterschlucken, weil ich merkte, daß er eine meiner Predigten zitierte. Aber diesmal war ich der Adressat. Ich setzte mein Vertrauen auf Menschenwerk statt auf Gott und auf das, was sein Geist unter uns bewirkt. Man verliert sich ungeheuer leicht im Bauwesen: man baut Kirchen, Schulen, Klöster und Einkehrhäuser und meint, man trüge damit zum Aufbau des Tempels Gottes auf der Erde bei. Aber der Tempel, in dem Gott wohnt, ist der Tempel, den Gott selbst baut – eine Gemeinschaft von Menschen, die einander liebhaben und auf Gott vertrauen.

Was Jeremia angedroht hatte, geschah: der Tempel vermochte das Volk nicht zu retten. Der Tempel hielt zwar fast 400 Jahre, aber er hielt nicht ewig. Im Jahre 587 vor Christus wurde er zerstört. Es gibt nur einen Tempel, der ewig hält, nur einen Ort, an dem es ewiges Leben gibt – aber dieser Tempel ist nicht aus Stein. Es ist die Gemeinschaft des Glaubens, immer neu, immer anders, überall da, wo zwei oder drei in Gottes Namen beisammen sind. Gott erzog die Israeliten, und langsam lernten sie. Ach, wie lange wir brauchen, bis wir lernen! Wie lange es dauert, bis wir diese Lektion intus haben, und wie oft vergessen wir sie wieder! Es ist eine harte Lektion. Die Israeliten, die Juden, unsere Vorfahren im Glauben, lernten sie nur unter unendlichen Mühen. Auch uns geht es oft ebenso.

Bis zu diesem Zeitpunkt hatten die Propheten den Glauben des Volkes betont, oder besser gesagt: seinen Mangel an Glauben. Sie hatten das Volk und seine Führer fortwährend dazu aufgerufen, zu jener Treue zurückzukehren, die sie Gott versprochen hatten. Jetzt aber, inmitten der Ruinen der Treulosigkeit, veränderte sich die Botschaft der Propheten. Plötzlich legten sie den Akzent auf die Treue Gottes. Auch bisher war dieses Thema immer wieder einmal aufgetaucht. Während des Exils jedoch wurde es zum Hauptthema: Gott ist ewig treu. Er ist bei euch – auch hier im Exil. Ihr denkt, ihr habt sehr viel verloren. Aber er wird euch in Zukunft viel mehr geben. Seine Barmherzigkeit währt ewig: seine Großzügigkeit kennt keine Grenzen.

Deuterojesaja entstammt der Feder eines namenlosen Propheten, vielleicht handelte es sich um eine Schülerin des ersten Jesaja. Die Kapitel 40–55, die während des babylonischen Exils geschrieben wurden, werden bisweilen das „Trostbuch Israels" genannt. So fängt es an:

„Tröstet, tröstet mein Volk", spricht euer Gott.
„Redet Jerusalem zu Herzen und verkündet der Stadt,
daß ihr Frondienst zu Ende geht,
daß ihre Schuld beglichen ist;
denn sie hat die volle Strafe erlitten
von der Hand des Herrn für all ihre Sünden" (Jesaja 40, 1–2).

Die Israeliten gingen immer davon aus, daß alles von Gott kommt – sogar Strafe. Aber die Zeit der Strafe war nun vorüber. Zuvor waren die Sünden des Volkes Hochmut und Selbstüberschätzung gewesen; nun waren seine Sünden Resignation und Verzweiflung – eine andere Spielart, Gott nicht zu vertrauen. Weil aber Gott sein Volk zu jeder Zeit von Sünde erretten will, muß der Prophet den Israeliten sagen:

Jakob, warum sagst du, Israel, warum sprichst du: „Mein Weg ist dem Herrn verborgen, meinem Gott entgeht mein Recht!"? Weiß du es nicht, hörst du es nicht? Der Herr ist ein ewiger Gott, der die weite Erde erschuf. Er wird nicht müde und matt, unergründlich ist seine Einsicht. Er gibt dem Müden Kraft, dem Kraftlosen verleiht er große Stärke. Die Jungen werden müde und matt, junge Männer stolpern und stürzen. Die aber, die dem Herrn vertrauen, schöpfen neue Kraft, sie bekommen Flügel wie Adler. Sie laufen und werden nicht müde, sie gehen und werden nicht matt (Jesaja 20, 27–31).

Langsam beginnt Israel zu begreifen. Der Prophet erlebt mit, daß Menschen wieder Jünger werden, Knechte Gottes und nicht nur Knechte ihrer selbst. Die vier schönen „Gottesknechtslieder" besingen die Vision des neuen Israels, das eines Tages erstehen wird:

Jeden Morgen weckt er mein Ohr,
damit ich auf ihn höre wie ein Jünger.
Gott, der Herr, hat mir das Ohr geöffnet.

Ich aber wehrte mich nicht
und wich nicht zurück.
Ich hielt meinen Rücken denen hin,
die mich schlugen,
und denen, die mir den Bart ausrissen,
meine Wangen.
Mein Gesicht verbarg ich nicht
vor Schmähungen und Speichel
(Jesaja 50, 4–6).

Jahrhunderte später sahen Christen in diesen Liedern vom leidenden Gottesknecht eine Vorherschau auf den leidenden Jesus. Christus war und ist das neue Israel; insofern wurden die Worte des Propheten zu Recht auf ihn bezogen. In der Passion Jesu fanden die Worte des Propheten ihre letztgültige Erfüllung; deshalb sind diese Abschnitte aus dem Jesajabuch fester Bestandteil der Liturgie der Karwoche.

Nach und nach richteten die Propheten also die Hoffnung des Volkes auf die Zukunft.

Ezechiel überlebte die Zerstörung Jerusalems und ging mit seinem Volk in die Verbannung. Sein Dienst als Prophet umspann beide Perioden. In der Zeit vor dem Zusammenbruch klang er wie Jeremia und rief das Volk ebenfalls zur Umkehr. Aber später, im Exil, redete auch er ganz anders zu ihnen: er vermittelte ihnen eine Hoffnungsvision. Seine prophetische Einsicht sagte ihm, daß es ein neues Jerusalem und einen neuen Bund geben würde. Er verstand, daß Gott durch ihn sagen wollte:

Ich hole euch heraus aus den Völkern, ich sammle euch aus allen Ländern und bringe euch in euer Land.

Ich gieße reines Wasser über euch aus, dann werdet ihr rein. Ich reinige euch von aller Unreinheit und von allen euren Götzen. Ich schenke euch ein neues Herz und lege einen neuen Geist in euch. Ich nehme das Herz von Stein aus eurer Brust und gebe euch ein Herz von Fleisch. Ich lege meinen Geist in euch und bewirke, daß ihr meinen Gesetzen folgt und auf meine Gebote achtet und sie erfüllt (Ezechiel 36,24–27).

Im Kapitel 16 des Buches Ezechiel findet sich eine ausführliche allegorische Geschichte Israels. Sie ist viel zu lang, um hier vollständig zitiert zu werden. Es handelt sich um ein Summarium der gesamten bisherigen Geschichte – einschließlich einer Zukunftsvision, die der Prophet für das Volk hat. Paraphrasiert und gekürzt hört sich das so an:

Du wurdest in Kanaan geboren; deine Eltern waren Götzendiener. Am Tag deiner Geburt hat sich keiner um dich gekümmert, keiner hat dich gewaschen oder in warme Windeln gewickelt. Man hat dich auf freiem Feld ausgesetzt, damit du stirbst: ungeliebt und ungewollt.

Da kam ich vorbei und sah dich strampeln in deinem Blut. Und ich sagte zu dir, als du blutverschmiert dalagst: „Bleib am Leben!"

Du bist zur Frau herangewachsen, groß geworden und herrlich aufgeblüht. Deine Brüste wurden fest, deine Haare wurden dicht. Später kam ich wieder vorbei und sah deine Schönheit. Ich breitete meinen Mantel über dich und bedeckte deine Blöße. Ich schloß einen Bund mit dir und schwor dir, dich zu heiraten. Ich brachte dir Geschenke – Silber und Gold, Seide und Leinen, Juwelen und Parfums. Wie eine Königin sahst du aus.

Doch dann wurdest du eitel auf deine Schönheit. Du hast meine Geschenke geliebt anstatt meiner selbst. Du bist anderen Männern nachgerannt, hast sie ins Haus gelassen und mit ihnen geschlafen wie eine Dirne. Du hast meine Geschenke anderen weitergeschenkt, du hast ihnen sogar deine Seele gegeben. Bald hatte ich keinen Platz mehr in deinem Herzen.

So überließ ich dich deinen „Freunden" auf Gedeih und Verderb. Ich lieferte dich ungeschützt ihren Gelüsten aus. Da zeigten sie ihr wahres Gesicht: Vergewaltiger waren sie allesamt. Sie haben dich ausgezogen und deiner Ehre beraubt, sie haben dich ausgepeitscht zu ihrer Lust, und als sie von dir genug hatten, haben sie dein Haus geplündert und niedergebrannt.

Und dennoch will ich dich so behandeln, wie du es verdienst: Du hast in deinen Jugendtagen einen Bund mit mir geschlossen. Daran will ich denken. Trotz allem, was du getan hast, will ich wieder gut zu dir sein. Ich will den Eid hochachten, den wir uns gegenseitig geschworen haben. Ich will einen neuen Bund mit dir schließen. Ich werde dich weiterhin lieben, und du wirst begreifen, daß ich Gott bin.

Gottes Liebe gibt nie auf. Und diese Liebe ist Vergebung. Gott läßt die Vergangenheit schneller los als wir. Diese Gnade erstaunt, verwandelt, bereichert. Er schenkte Israel das Leben, als es in der Sklaverei zugrunde ging. Israel wurde schön – nicht aus sich heraus, sondern weil Gott Israel liebte. Gott gab seinem Volk Geschenke (ein anderes Wort für „Gnade"), und seine Liebe ließ Israels Schönheit noch mehr erblühen. Und doch hat Israel das alles nicht erkannt, so wie auch wir das alles oft übersehen. Israel dankte ihm nicht – ganz wie wir. Israel liebte ihn nicht – ganz wie wir. Die Geschichte Israels ist unsere eigene Geschichte: Das Wort sagt uns die Wahrheit über unser eigenes gegenwärtiges und zukünftiges Leben. Unsere Vergangenheit ist, wie sie ist; wir können an ihr nichts mehr ändern. Aber unsere Zukunft ist eine Zukunft mit Gott und mit seiner Gnade, wenn wir nur zulassen, daß die Vergebung und das Neue zum Durchbruch kommen.

Ezechiel beschrieb das Wort, das er empfing, in einer Terminologie, die von „Umkehr" und von einem „neuen Bund" sprach. Er sah die Wiederherstellung Israels im Bild einer neuen Stadt, eines neuen Jerusalem, von dem aus die Herrlichkeit Gottes über die ganze Erde erstrahlen würde. Diese Vision eines neuen Jerusalem wurde von den Propheten der nachexilischen Periode weiter entwickelt: *Sacharja, Obadja, Joël, Haggai* und *Tritojesaja*. Diese prophetische Vision taucht auch im Neuen Testament wieder auf, und zwar im Buch der Offenbarung. Der Prophet richtet seine Worte gleichsam an die alte Stadt, das desolate Jerusalem, und sagt:

Blick auf und schau umher:
Sie alle versammeln sich und kommen zu dir.
Deine Söhne kommen von fern,
deine Töchter trägt man auf den Armen herbei

Du wirst es sehen, und du wirst strahlen,
dein Herz bebt vor Freude und öffnet sich weit.
Denn der Reichtum des Meeres strömt dir zu,
die Schätze der Völker kommen zu dir ...

Deine Sonne geht nicht mehr unter,
und dein Mond nimmt nicht mehr ab;
denn der Herr ist dein ewiges Licht,
zu Ende sind deine Tage der Trauer.

Dein Volk besteht nur aus Gerechten;
Sie werden für immer das Land besitzen
als aufblühende Pflanzung des Herrn,

als das Werk seiner Hände,
durch das er seine Herrlichkeit zeigt
(Jesaja 60, 4–5.20–21).

Inspiriert durch solch eine Vision vom neuen Jerusalem erinnerte der Prophet *Haggai* die heimgekehrten Exilierten daran, daß Gott allein absolut ist. Alles andere ist relativ. Verständlicherweise wollten sie pragmatisch vorgehen, sich zunächst eigene Häuser bauen und erst dann den Tempel wiedererrichten. Aber Haggai erinnerte sie daran, daß Jahwe ihr Schutz und Schirm sein würde, wenn sie ihn über alle Dinge ehren würden. (Haggais Dienst und das Werk anderer jüdischer Führergestalten bei der Restaurierung des Tempels und beim Wiederaufbau der Stadtmauern von Jerusalem werden auch in den Geschichtsbüchern *Esra* und *Nehemia* geschildert.)

Trotz alledem und trotz ihrer gewaltigen Anstrengungen: als die Juden den wiederhergestellten Tempel betrachteten, fiel ihnen das Herz in die Hosentasche. Wegen ihrer Armut konnten sie die Pracht des früheren Tempels, den Salomo errichtet hatte, nicht mehr erreichen. Durch Haggai erinnerte Gott sie jedoch daran, daß die wahre Herrlichkeit des Tempels nicht in Gold und Silber bestand, sondern in Gottes Gegenwart, die in ihm wohnte.

Auch diese Botschaft hat uns heute etwas zu sagen. Wir verwenden manchmal große Anstrengungen auf die Gestaltung unserer Kirchengebäude und vergessen dabei, daß ihre wirkliche Schönheit nicht darin besteht, welchen künstlerischen Wert sie haben, sondern im Geist Gottes, das heißt: im Geist der Menschen, die hier Gottesdienst feiern. Die Herrlichkeit der Kirche ist niemals das Werk unserer Hände, sondern Handarbeit Gottes.

Das letzte Thema oder Bild, das in den Schriften der Propheten auftauchte, war das des Messias. Wenn Christen dieses Wort heute hören, denken sie automatisch an

Jesus. Der griechische Name Christus bedeutet „der Gesalbte" – ebenso wie das hebräische Wort *maschiach* „der Gesalbte" heißt. Jesus Christus bedeutet also wörtlich „Jesus der Messias" oder „Jesus der Gesalbte". Aber die Juden der damaligen Zeit dachten natürlich nicht an Jesus; sie wußten nicht, wie sich Gottes Plan schließlich und endlich erfüllen würde.

Während des fünften vorchristlichen Jahrhunderts, nach der Rückkehr aus dem Exil, begannen Propheten wie *Sacharja* oder *Maleachi* auf eine noch großartigere Wiederherstellung Israels zu hoffen. Sie waren zwar wieder in ihrem Heimatland, aber sie waren noch immer ein armes Volk und lebten unter Fremdherrschaft. Sie begannen zu hoffen, daß Gott selbst erscheint oder zumindest jemanden schickt, der mit seinem Geist gesalbt ist, um sie ganz zu befreien und das Werk ihrer Erlösung zu vollenden. So begannen sie auf einen Messias zu hoffen, einen Gesalbten. Sie träumten davon, wie es sein würde, wenn er kommt:

> Juble laut, Tochter Zion! Jauchze, Tochter Jerusalem! Siehe, dein König kommt zu dir. Er ist gerecht und hilft; er ist demütig und reitet auf einem Esel, auf einem Fohlen, dem Jungen einer Eselin. Ich vernichte die Streitwagen aus Efraim und die Rosse aus Jerusalem, vernichtet wird der Kriegsbogen. Er verkündet für die Völker den Frieden; seine Herrschaft reicht von Meer zu Meer ... bis an die Enden der Erde (Sacharja 9,9–10).

Heute können wir in dieser Prophetie mühelos ein Bild Jesu als Messias sehen, der in dieser Welt ein Reich der Wahrheit errichtet – und zwar ohne jede Gewaltanwendung! Aber wir sehen das im Rückblick und als Christen, nach 2000 Jahren des Nachdenkens und des Betens. Frühere prophetische Einsicht vermochte nur zu sehen, daß

Gott noch nicht in all seiner Herrlichkeit erschienen war, um Frieden und Gerechtigkeit auf der Erde zu schaffen. So stellten sie es sich eben vor, so gut sie konnten und sahen dabei Jahwe als siegreichen König, der über Israels Feinde triumphiert. Das war nicht das ganze Bild, und doch enthielt es eine Ahnung von dem, was tatsächlich geschehen sollte. Die Juden – der Rest Israels – lernten langsam, wie auch wir nur langsam lernen, aufmerksam auf Gottes Wort zu hören und es richtig zu deuten.

Immerhin hatten auch die Juden schon eine weite Wegstrecke hinter sich gebracht seit jenen Tagen, als sie noch zu hören meinten, Gott wolle, daß sie Kanaan gewaltsam eroberten und alle Einwohner niedermetzelten. In der Zeit seit Josua hatten sie begriffen, daß Gott sein Reich nicht mit Gewalt errichten will, sondern dadurch, daß in der Welt Gerechtigkeit herrscht. Auch das sahen sie zwar noch immer auf ihre Weise und in ihrem Licht, aber das können wir ihnen nicht übelnehmen. Zu diesem Zeitpunkt waren sie noch immer in einem gewissen Provinzialismus gefangen. Sie dachten, der Messias käme nur zu ihnen; sie stellten sich vor, Gott hätte irgendwie die Stadt Jerusalem dazu ausersehen, stellvertretend für ihn die Welt zu regieren. Sie sahen sich schon als künftige führende Nation der Welt.

Bereits im Alten Testament wird diese verengte Sicht korrigiert. Das Buch *Jona* ist literarisch betrachtet das biblische Buch, das dem an nächsten kommt, was wir heutzutage eine „Kurzgeschichte" nennen. Obwohl es auf kein reales Ereignis in der Geschichte Israels zurückgcht, wurde es wegen seiner universalen religiösen Bedeutung (damals wie heute) Teil der schriftlich fixierten göttlichen Offenbarung. Diese Botschaft lautet: Auch wenn es Menschen gibt, die sich selbst als Erwählte Gottes verstehen, heißt das nicht, daß Gott nicht auch andere erwählt hat.

Die Geschichte handelt von einem jüdischen Propheten, den Jahwe ausschickt, damit er das Volk von Ninive zur Umkehr ruft. Jona sagt sich: „Jahwe ist unser Gott! Wieso sollen diese Heiden auch in den Genuß kommen, das Wort Gottes zu hören?"

Deshalb entzieht er sich seiner Berufung; aber er schafft es nicht, vor Gott Reißaus zu nehmen. Er versucht, per Schiff zu entkommen, aber während eines gewaltigen Sturmes wird er von Bord geworfen. Da sendet Jahwe einen großen Fisch, der ihn verschluckt und ihn nach einer Weile auf trockenes Land ausspuckt. Und wo findet sich der Prophet wieder? Natürlich an der Küste Ninives, jener Stadt, in die ihn Jahwe von Anfang an schicken wollte!

Widerwillig macht sich Jona auf den Weg nach Ninive: „Gut, lieber Gott! Wenn du drauf bestehst! Dann bleibt mir wohl nichts anderes übrig ...". Aber er hofft, daß sie ihm nicht glauben. Er will einfach nicht, daß sie dieselbe gute Nachricht zu hören bekommen wie Israel, die Nachricht, daß Gottes Weg der Weg des Lebens ist. Aber er geht in die Mitte der Stadt und predigt das Wort, das Gott ihm aufgetragen hat. Und – wer hätte das gedacht! – sie glauben es! Die Bewohner Ninives kehren um und wenden sich Gott zu.

Jona ist wütend! „Mit welchem Recht verschleudert Jahwe sein Wort an Heiden? Wie kommt er dazu, das auszuteilen, was rechtmäßig seinem Bundesvolk zusteht?" Er setzt sich in die pralle Sonne und kocht vor Wut. Aber Jahwe blickt mit zärtlicher Fürsorge auf seinen störrischen Propheten herab und sorgt dafür, daß eine riesige Blattpflanze hochschießt, um ihm ein wenig Schatten zu spenden. Da kühlt sich Jona auch innerlich ein bißchen ab. Aber am nächsten Tag muß er feststellen, daß die Pflanze über Nacht eingegangen ist; ihre Blätter sind völlig verwelkt. Jona schäumt jetzt vor Wut!

Diese inspirierte Geschichte endet damit, daß Gott diesen Propheten noch einmal anspricht und sinngemäß zu ihm sagt: „Jona, wer bist du eigentlich, daß du darüber befinden willst, wem ich gnädig sein darf? Wer bist du, daß du mir vorschreiben willst, wen ich lieben darf? Habe ich dich nicht geliebt, obwohl du mich nicht geliebt hast? Wie ich dieser Pflanze einen Tag lang das Leben geschenkt habe, schenke ich meine Liebe, wem ich will. Warum bist du wütend, wenn ich liebe? Warum bist du geizig, wenn ich großzügig bin?"

Wieder einmal sieht die gute Nachricht zu schön aus, um wahr zu sein. Wir bemängeln, daß es doch nicht derart einfach sein kann. Wir gehen davon aus, daß wir Gottes Liebe irgendwie verdienen müssen. Wir würden die unendliche Liebe Gottes gern auf uns selbst beschränken, auf die Gesetzestreuen, auf diejenigen, die die richtige Religion haben oder die richtige Kirche besuchen. Aber Gott sagt uns immer wieder durch die Propheten, durch das inspirierte Wort, das wir „Heilige Schrift" nennen, und sogar in unserem Herzen: „Setzt meiner Liebe keine Grenzen! Meine Großzügigkeit ist unerschöpflich. Ich liebe euch nicht für das, was ihr tut, sondern weil ich die Liebe selbst bin."

Aber bis in unsere Tage hinein versuchen institutionalisierte Religionen, das Prädikat „rechtschaffen" für die „Normalen", die Angepaßten, die Amtsträger, die „Praktizierenden", die Heterosexuellen und alle die zu reservieren, die dem System irgendwie ihren Tribut zollen. Wir tun uns noch immer leicht damit, Ketzer zu finden und zu verteufeln. Wir alle sind unbekehrte Jonas, die auf der Flucht sind vor Gott und vor allumfassender Barmherzigkeit.

Während der Zeit der Propheten, vom Anfang der Monarchie bis zur Rückkehr aus dem Exil, gab Gott Israel sein lebendiges Wort. Israel machte konstant seine Fehler. Konstant verstanden sie nur Teile davon. Aber ebenso

114

konstant begriffen sie auch, daß das Wort ihnen galt, hier und jetzt. Dieses Wort wurde in ihre aktuelle geschichtliche Lage hineingesagt, es betraf ihre konkrete Situation und ihr eigenes Leben. Konstant wurde das Wort aufgeschrieben. Konstant wurde es in eine religiöse Tradition eingebunden. Konstant wurde es selbst institutionalisiert, bis es ganz und gar nicht mehr aktuell und konkret aussah. Aber wenn wir dem Wort Gottes gestatten, durch die Worte seiner Propheten zu uns zu reden, kann es passieren, daß wir plötzlich in uns die Botschaft vernehmen, die er uns hier und heute sagen will.

Das Herz der prophetischen Botschaft

Im Zentrum des Dienstes der Propheten steht ihre Sensibilität für die Transzendenz Gottes: dieser Gott steht über allem und ist doch zugleich in allem zu finden. Die Anwesenheit Gottes sprengt die Grenzen von Raum und Zeit, so daß es keinen Ort und kein Ereignis gibt, in dem Gott nicht da ist. Das Gewissen der Propheten wurde von ihrer Wahrnehmung der Anwesenheit Gottes bestimmt, einer Anwesenheit, der man sich nicht mehr entziehen konnte, wenn man einmal auf sie eingestimmt war. Diese überwältigende religiöse Erfahrung war der Grund dafür, daß sie mit ihren Zeitgenossen so wenig Geduld hatten. Ihre prophetische Einsicht entstammte dieser Erfahrung. Sie sahen den Kontrast zwischen dem, was Gott in ihnen selbst bewirkte und dem, was die Menschen ihrer Umwelt machten.

Was bewirkte Gott in ihnen? Er erweckte sie durch seine Liebe zum Leben. Er liebte sie, lockte sie, zog sie zu sich. Er hatte Israel durch seine Liebe zum Leben erweckt, als sie noch ein Haufen von Sklaven waren. Er lud sie ein zu leben, indem er ihnen sein Gesetz gab, dem sie folgen konnten. Er rief sie zum Leben, als sie von ihm weg zu anderen Göttern liefen. Er holte sie ins Leben zurück, als sie im Exil bereits am Leben verzweifelt waren. Weil sie selbst erlebten, wie sie zum göttlichen Leben berufen wurde, konnten die Propheten sehen, daß sich dasselbe Lebensmuster auch in der Geschichte ihres Volkes fortwährend wiederholte: Jedesmal, wenn Israel mit Treue und Vertrauen auf Gottes Ruf antwortete, lebte es auf, und es ging ihm gut. Aber jedesmal, wenn sich die Israeliten Gott gegenüber taub stellten, waren Tod und Vernichtung die Folge.

Gottes Ruf zum Leben war gleichzeitig ein Ruf zur Liebe. Von der Verkündigung des Evangeliums her ist uns das bestens vertraut, aber bereits in alttestamentlichen Zeiten hörten die Propheten diesen Ruf und schenkten ihm Beachtung. Weil Gottes Liebe sie angezogen hatte, liebten sie Jahwe von ganzem Herzen und von ganzer Seele. Sie liebten zugleich ihr Volk und gaben ihr Leben dafür her, daß dieses Volk zur Liebe Gottes zurückkehrt. Mit großer Klarheit sahen sie bereits, daß ein Leben in jener Liebe, die Gott ist, Gastfreundschaft gegenüber Fremden, Unterstützung der Armen und Gerechtigkeit für die Unterdrückten einschließt. Oft begrenzten sie diese Liebe allerdings auf das Volk Israel, aber sie kamen immer deutlicher zu der Einsicht, daß sich Gottes unendliche Liebe auf alle erstreckt.

Das erstaunliche an der Botschaft der Propheten ist, daß sie so einfach ist. Wenn man die prophetischen Bücher der Bibel zum ersten Mal durchliest, wirkt das alles ziemlich kompliziert: Seite um Seite Prophezeiungen über dieses und jenes; hier ein Wort gegen Götzendienst, da ein Appell zur Gerechtigkeit; einmal Tod und Untergang, dann wieder Barmherzigkeit und Trost. Aber wenn man die Propheten immer wieder liest, beginnt man, jenen Kern zu sehen, um den herum sich all die Einzelheiten zu

116

einem einzigen Muster fügen. Die zentrale Einsicht der Propheten ist Gottes Liebe, die sie selbst erlebt und gelebt haben.

Die Erfahrung der Liebe Gottes ist religiöser Natur. Es handelt sich um eine Erfahrung von Gnade, von überwältigender Schönheit und von unglaublicher Barmherzigkeit. Es ist das Geschenk der Vergebung, der Zustimmung, der Annahme trotz unserer Sünden und unserer Schuld, trotz unserer Unfähigkeit, uns selbst zu akzeptieren. In dieser Liebe und Gnade zu leben bedeutet auch, die anderen zu lieben, selbst wenn sie unempfänglich sind für Schuldgefühle und fortwährend Böses tun. Wie Jesus es später formuliert hat: es bedeutet sogar, unsere Feinde zu lieben.

Die Propheten lebten inmitten dieser Erfahrung, im Herzen dieser Einsicht. Von diesem zentralen Ausgangspunkt aus verstanden und beurteilten sie alles, was um sie her vor sich ging. Sie waren weder konservativ noch progressiv, sondern beides zusammen. Im Blick auf Gott waren sie erzkonservativ: Er ist absolut, nur Jahwe ist Herr, es gibt keine anderen Götter außer Gott. Gleichzeitig waren sie glühende Progressive, die für menschliche Institutionen wie Staatsregierungen oder organisierte Religion wenig Respekt aufbrachten. All dies kann sich ändern: nichts davon ist absolut.

Ebenso waren die Propheten zugleich Radikale und Traditionalisten. Sie waren radikal in ihrem Glauben an Gott und in ihrer Liebe zu seinem Volk. Wir könnten sie sogar „radikale Traditionalisten" nennen. Ihr geschärfter Blick stieß bis ins Herz ihrer eigenen Tradition vor, jener Tradition, die auf Gottes Bund mit Israel zurückging, jener Tradition, die viel weiter zurückreichte als die momentanen religiösen Bräuche und Einrichtungen. Sie erinnerten das Volk an Gottes unverbrüchliche Treue zu diesem Bund und forderten es auf, Gott ebenfalls treu zu sein, der ihnen diesen Bund von sich aus geschenkt hat.

Wenn wir uns heutzutage als Volk Gottes verstehen wollen, müssen wir diesen Propheten ähneln. Auch wir müssen radikale Traditionalisten sein: nicht 100-Jahre-Traditionalisten, nicht einmal 400-Jahre-Traditionalisten, sondern 4000-Jahre-Traditionalisten! Unser religiöses Erbe als Christen umspannt 2000 Jahre hebräischer Geschichte und 2000 Jahre christlicher Geschichte. Wenn wir innerhalb dieser ständigen und ununterbrochenen Tradition leben, merken wir, daß jüngere Traditionen an Gewicht und Bedeutung verlieren. Wenn wir zum Herzen der jüdisch-christlichen Traditionen vordringen, entdecken wir die wahre Katholizität der katholischen Kirche: eine wirkliche Universalität, die alle Orte und alle Zeiten umspannt.

Für prophetische Christen ist – wie für die israelitischen Propheten – die Unterscheidung zwischen konservativ und progressiv bedeutungslos und hinfällig. Die einzige Unterscheidung, die Gewicht hat, ist die Unterscheidung zwischen denen, die Gott kennen und denen, die ihn nicht kennen. Es gibt Konservative, die Gott wirklich kennen, die ihn lieben und ihm ihr Leben schenken, die ihm vertrauen und ihm von ganzem Herzen dienen. Gleichzeitig gibt es Konservative, die nur ihre Macht und ihre Privilegien sichern wollen, die die Rituale aufrechterhalten wollen, an die sie gewöhnt sind, oder die die einengenden Gesetzlichkeiten der Vergangenheit aufrechterhalten wollen. Ebenso gibt es Progressive, die Gott kennen und lieben und die gerade deshalb auf Veränderungen in der Politik der Kirche und in der Gesellschaftspolitik aus sind. Aber es gibt auch Progressive, die Gott weder kennen noch lieben, und die die Welt für ihre eigenen Zwecke und Ziele verändern wollen.

Den Propheten Israels war es egal, ob sie von anderen

als konservativ oder als progressiv abgestempelt wurden. Ihnen ging es ausschließlich um Gott und um das Wort, das ihnen Gott anvertraut hatte. Auf manche wirkten sie wie Konservative, die die Religion längst vergangener Zeiten predigten. Auf andere wirkten sie wie Progressive, die ständig den Status quo in Frage stellen.

Dasselbe gilt für echte Propheten unserer Zeit. Martin Luther King mußte sich vorwerfen lassen, er sei ein „Linker", weil er sich gegen den Rassismus wandte und sich für die Rechte unterdrückter Minderheiten stark machte. In Wirklichkeit hielt er nur an Gottes Berufung fest, das Evangelium der Freiheit zu verkündigen. Wie so viele Propheten wurde auch er ermordet. Mutter Teresa von Kalkutta wird auch von Konservativen verehrt; dennoch wurzelt ihre radikale Hingabe an die Armen in derselben Liebe Christi wie die evangelische Armut einer Dorothy Day[1], die den Konservativen verhaßt war. Anti-Kriegs-Propheten werden als Radikale verschrien, obwohl sie uns doch nur zur urchristlichen pazifistischen Tradition zurückrufen. Anti-Abtreibungs-Propheten werden als Konservative abgestempelt, obwohl sie nur die radikale Liebe Gottes zu allem menschlichen Leben verkündigen.

Die Propheten der Vergangenheit und Gegenwart rufen uns zuallererst dazu auf, Gottes Liebe zu erfahren, die unser Selbstbild und unsere Außenperspektive radikal verändert. Zu oft halten wir uns mit Kleinigkeiten auf, die letztlich ohne Bedeutung sind. Zu oft verschwenden wir die Zeit mit Trivialitäten, während unser Leben und un-

---

[1] Dorothy Day (1897–1980), Begründerin der katholischen Arbeiterbewegung und der Zeitschrift „Catholic Worker" in den USA. Wurde wegen ihrer Kapitalismuskritik und ihrer pazifistischen Einstellung von der herrschenden Amtskirche teilweise heftig attackiert. Näheres in Chr. Feldmann, Träume beginnen zu leben – Große Christen unseres Jahrhunderts, Freiburg i. Br. ⁶1988, 138 ff und R. Rohr / A. Ebert, Das Enneagramm – Die neun Gesichter der Seele, München 1989, 95 ff.

sere Umwelt zu Bruch gehen. Wir stellen die Bestuhlung auf dem Deck der sinkenden Titanic um und denken, das sei wichtig. Womöglich meinen wir sogar, wir täten damit Gott etwas Gutes.

Die Propheten aber sagen folgendes: Laßt doch einmal zu, daß Gott euch etwas Gutes tut. Laßt Gott Gott sein. Laßt Gott ans Steuer. Laßt euch auf die Erfahrung seiner Gegenwart und seiner Liebe ein; im Anschluß daran ist es gar nicht mehr so wichtig, was ihr tut. Aber wundert euch nicht, wenn ihr merkt, daß ihr euch plötzlich in eure Tradition verliebt. Wundert euch auch nicht, wenn ihr merkt, daß ihr die herrschenden Zustände plötzlich radikal verändern wollt. Wundert euch nicht, wenn Dinge, die ihr bisher für unwichtig gehalten habt, plötzlich wichtig werden. Wenn wir uns auf Gottes Sichtweise und auf seine Liebe einlassen, verändert das unsere Wahrnehmung der Realität.

Dann wird die Vergangenheit zum Prolog. Das prophetische Wissen um die Vergangenheit wird zum prophetischen Gewissen der Gegenwart, wenn wir Herz und Verstand Gott öffnen.

Die Menschen zur Zeit Michas wollten wissen, was rechte Religiosität beinhaltet und wie die vorgeschriebenen Rituale korrekt einzuhalten sind. Sie wollten alles richtig machen und gut dastehen. Aus tiefster Einsicht heraus sagt ihnen der Prophet:

Es ist dir gesagt worden, Mensch, was gut ist und was der Herr von dir erwartet: Nichts anderes als dies: Recht tun, Güte und Treue lieben, in Ehrfurcht den Weg gehen mit deinem Gott (Micha 6, 8).

Fünftes Kapitel

Genesis und Ijob –
Gott und die Menschheit, Gut und Böse

Die meisten Leute gehen wie selbstverständlich davon aus, daß eine Einführung in die Bibel mit dem Buch *Genesis* anfangen sollte, da dies schließlich das erste Buch der Bibel ist. Wir haben es ganz bewußt nicht als erstes behandelt, um die Tatsache zu unterstreichen, daß Genesis weder ein Geschichtsbuch noch ein wissenschaftlicher Schöpfungsbericht ist. Es ist kein Augenzeugenbericht über die Anfänge der Welt und der Menschheit. Es handelt sich vielmehr um eine mythologische Darstellung der Beziehung zwischen dem Schöpfer und der Schöpfung. Diese Darstellung ist viel später entstanden als etwa die Berichte vom Auszug aus Ägypten (Buch Exodus). Das Bekenntnis, daß Gott, der die Hebräer aus der Sklaverei errettet hatte, der Herr der ganzen Welt ist, stand nicht am Anfang, sondern am Ende eines langen Reflexionsprozesses.

Obwohl viele der Geschichten, die sich im Buch Genesis finden, bei den Israeliten von Generation zu Generation weitergegeben worden waren, wurden sie erst nach der Zeit des Exils, um 500 vor Christus, gesammelt und in ihre endgültige Gestalt gebracht. Unter den Nachwirkungen der nationalen Katastrophe wurde dem jüdischen Volk klar, daß sein Erbe gänzlich verloren gehen könnte, wenn es nicht aufgeschrieben würde. Das inspirierte führende religiöse Gestalten dazu, viele Stränge der mündlichen Tradition zu bündeln und in eine fortlaufende Erzählung zu verweben. Sie schrieben die Autorenschaft

121

Mose zu, um auszudrücken, daß die Autorität und Weisheit, die hinter dieser Tradition steht, mindestens bis in die Zeit des Mose zurückreicht. Wir kennen die Namen der Schreiber nicht, die das alles in der Form zu Papier gebracht haben, die uns heute vorliegt. Ihnen ging es kaum darum, mit diesem Werk ihren eigenen Nachruhm zu sichern, sondern darum, die Weisheit ihres religiösen Erbes zu bewahren.

Sie rangen mit denselben religiösen Fragen, die nachdenkliche Menschen zu allen Zeiten bewegen: Was ist der Sinn des Lebens? Woher kommt es? Wohin führt es? Welche Beziehung besteht zwischen Gott und der Menschheit? Warum gibt es das Böse in der Welt? Warum müssen gute Menschen leiden? Diese Fragen trieben die Juden nach der Rückkehr aus dem Exil besonders um. Einst hatten sie gemeint zu wissen, wer sie sind und welche Absichten Gott mit ihnen verfolgt. Aber jetzt waren ihre Träume zerplatzt und sie mußten erneut und tiefer nachdenken.

Einige von ihnen fanden Antwort in den uralten Mythen ihrer Stammesvergangenheit. Dies sind die Geschichten, die sich im Buch Genesis finden. Ein anderer Autor der nachexilischen Periode gelangte auf Grund ganz eigener und andersgearteter inspirierter Erkenntnis zu derselben Wahrheit. Seiner Einsicht verdanken wir die breitangelegte poetische Geschichte über einen Mann namens *Ijob.*

Sowohl das Buch Genesis als auch das Buch Ijob wirken zwar wie Tatsachenberichte, aber in Wirklichkeit handelt es sich um Weisheitsliteratur. Der Teil des Buches Genesis, der in Kapitel 12 mit der Berufung Abrahams beginnt, enthält allerdings eine Reihe von Einzelheiten, die ganz sicher einen historischen Kern haben. Aber für die Schreiber waren diese Fakten weniger wichtig als die religiösen Wahrheiten, die sie vermitteln wollten. Dieser zweite Teil des Genesisbuches ist daher eine Art Zwitter aus Weisheitsliteratur und Geschichtsschreibung.

Weitere Weisheitsliteratur innerhalb in der Bibel findet sich in den Büchern der *Psalmen,* der *Sprichwörter, Kohelet, Weisheit, Jesus Sirach* und *Hoheslied.* Viele dieser Bücher wurden Salomo zugeschrieben, der für seine Weisheit berühmt war. Aber auch hier gilt: Autorenschaft hatte in der Antike eine andere Bedeutung als heute. Es bedeutete, daß die Autorität dieser Bücher denselben Ursprung hat wie die Weisheit Salomos; mit anderen Worten: man wollte damit sagen, daß diese Schriften göttlich inspiriert sind.

In dieser Einführung in die großen Themen der Bibel werden wir diese anderen Weisheitsbücher nur am Rande streifen. Ihre Hauptthemen finden sich auch in den beiden Büchern, die Gegenstand dieses Kapitels sind: Genesis und Ijob.

Genesis 1 bis 11

Vielleicht das wichtigste, was wir ständig im Hinterkopf behalten müssen, wenn wir die ersten Kapitel der Genesis lesen, ist die Tatsache, daß es in diesem Buch weniger um die Vergangenheit geht als um die Gegenwart. Die Propheten sprachen das Wort Gottes in ihre jeweilige Gegenwart hinein. Indem sie das taten, verkündigten sie zugleich eine ewige Wahrheit, die für uns heute genauso gültig ist wie für das antike Israel. In ähnlicher Weise schrieben die Autoren der Genesis das Wort so nieder, wie es ihnen in ihrer Zeit gegeben wurde. Indem sie das taten, faßten sie das ewige Wort, das jede Generation mit dem Anspruch der Wahrheit konfrontiert, in zeitbedingte menschliche Worte. Sie schrieben das auf, was immer und zu allen Zeiten wahr ist: über Gott und die Menschen, über die gute Welt und über die Sünde, die so viel Leid schafft.

Das Buch Genesis enthält nicht nur *eine* Schöpfungsgeschichte, sondern deren zwei. Genesis 1, 1–2, 3 berichtet, wie Gott aus Tohuwabohu (hebräisch für Chaos) Kosmos (griechisch für Ordnung) macht, wie er am Ende Mann und Frau erschafft und wie er schließlich am siebten Tage ausruht. Das übrige zweite Kapitel erzählt eine andere Geschichte. Es beginnt mit der Erschaffung des Mannes, erzählt dann von der Erschaffung der Naturwelt und kommt erst dann zur Erschaffung der Frau. Den damaligen Schreibern machten die offenkundige Unterschiede zwischen den beiden Berichten nichts aus. Für sie offenbarten beide ein und dieselbe inspirierte Wahrheit: Gott allein ist Gott. Alles andere ist Geschöpf und Geschaffenes (Kreatur), und alles, was Gott schafft, ist gut.

Am deutlichsten sehen wir das in der ersten Schöpfungsgeschichte: Tag für Tag betrachtet Gott sein Schöpferwerk und nennt es „gut". Am sechsten Tag blickt er auf seine gesamte Schöpfung zurück und sagt: „Ja, es ist sehr gut!" Und am siebten Tage ruht er sich aus.

Was bedeutet dieser Abschnitt? Zunächst einmal will er *nicht* sagen, wie das Weltall entstanden ist. Das herauszufinden ist Aufgabe der Wissenschaftler. Er sagt vielmehr: Wie auch immer es entstanden ist – Gott steht dahinter. Wir haben die Welt nicht selbst geschaffen. Die Welt hat sich auch nicht selbst geschaffen. Gott steht als Verantwortlicher hinter der gesamten Schöpfung. Das ist alles.

Theologisch ausgedrückt besagt die Geschichte: Alles ist Gnade, alles ist Geschenk, alles kommt von Gott. Er ist es, der aus Nichts Etwas macht und es uns schenkt – nicht damals in grauer Vorzeit, sondern hier und jetzt. Er macht uns zu dem, was wir sind und beschenkt uns mit uns selbst. Er schenkt uns die gesamte Natur, sowohl das natürliche Universum als auch unsere menschliche Natur, und das alles ist gut. Alles ist dazu da, um uns Freude zu machen – wenn wir es fertigbringen, es als sein Geschenk anzunehmen.

Weiterhin redet dieser Abschnitt davon, daß Gott nach harter sechstägiger Arbeit eine Pause einlegt. Die jüdischen Autoren sahen das als den göttlichen Ursprung der Sabbatruhe, aber die Idee des Sabbats hatte einen noch tieferen religiösen Sinn. Die Geschichte sagt uns: wenn wir uns Tag für Tag verausgaben und uns niemals Ruhe gönnen, versuchen wir, Gott selbst zu übertrumpfen. Nicht einmal Gott hat sieben Tage die Woche gearbeitet!

Gott ist Herr über alles; er hat alles in der Hand. Wenn wir arbeiten, als hinge alles nur von uns ab, sagen wir damit im Grunde, daß wir das nicht glauben. Wir trauen Gott nicht genügend, um es in seiner Hand zu belassen. Wir denken, wir müßten alles selbst machen. Wir wollen Gottes Werk selbst in die Hand nehmen. Ein paar Kapitel später wird offenkundig, was geschieht, wenn Menschen Gott übertrumpfen wollen. Hier am Ende der ersten Schöpfungsgeschichte bekommen wir jedenfalls eine erste Ahnung von jenem großen Thema, das sich durch die gesamte Bibel zieht: Die *Ruhe*, zu der man in Gott finden kann.

Im zweiten Genesiskapitel finden wir die zweite Schöpfungsgeschichte. Sie unterstreicht die Beziehung Gottes zu den Menschen, die durch die Gestalten Adam und Eva repräsentiert werden. Diese beiden Eigennamen haben symbolische Bedeutung: Adam heißt auf hebräisch einfach „Mensch" oder „Mann". Das Wort hängt eng mit dem Wort für „Erde" zusammen (adama); das weist auf die enge Bindung des Menschen an den „Staub" hin, von dem er kommt und zu dem er zurückkehrt. Der Name Eva kommt von einem Wort, das „lebendig" bedeutet, da sie die symbolische Mutter aller lebendigen Menschenkinder ist (Genesis 3, 19 f). Adam und Eva repräsentieren also das gesamte Menschengeschlecht. Die Geschichte schildert kein längst vergangenes Geschehen, sondern etwas, das ewig wahr ist, auch heute! Es ist die Darstellung der ewigen Beziehung zwischen Mann und Frau und Gott.

In symbolischer Ausdrucksweise besagt die Geschichte, daß sich der Mann nur in der Beziehung zur Frau selbst verstehen kann; daß die Frau sich nur in der Beziehung zum Mann verstehen kann und daß sich beide als Menschen nur in der Beziehung zu Gott verstehen können. Frau und Mann sind ohne ihr geschlechtliches Gegenüber unvollständig, und beide gelangen erst dann zu vollem Menschsein, wenn sie eins sind mit Gott. Gott schenkt ihnen Leben; und ihr gemeinsames Leben mit Gott ist das Paradies. So ist es immer gewesen, und so ist es noch heute. Wir verstehen erst dann völlig, wer wir sind, wenn wir in einer Liebesbeziehung mit Gott leben, wenn wir den Atemhauch seines Geistes in uns spüren, wenn wir dankbar sind für die wunderbaren Gaben, die er uns geschenkt hat.

Der Garten ist das Symbol für den paradiesischen Zustand eines Lebens in Einheit mit Gott und miteinander. Wenn unser Verhältnis zu Gott stimmt, dann leben wir auch mit uns und der Welt im Einklang; im Garten drückt die ganze Natur diese vollkommene Harmonie aus. Das ist das Ideal; so ist es gemeint; so will es Gott; dieses Leben hat Gott sich ursprünglich für uns gedacht. Und doch wissen wir alle aus Erfahrung, daß es in der Regel ganz und gar anders ist. Worum geht es? Wieso sind wir aus dem Paradies verstoßen? Der biblische Autor stellt in der Geschichte vom Sündenfall in Kapitel 3 dar, wie er das Problem unserer Entfremdung von Gott und voneinander sieht.

In dieser Geschichte sind Frau und Mann Gott ungehorsam, indem sie von der verbotenen Frucht essen; deshalb werden sie aus dem Garten ausgeschlossen. Auf den ersten Blick wirkt das alles ziemlich primitiv und dumm; warum hat Gott ihnen nicht einfach noch eine Chance gegeben? Aber der tiefere Sinn ist die tiefste Wahrheit: Sobald wir aus der rechten Beziehung zu Gott und zu unseren Mitmenschen herausfallen, ist es für uns aus mit dem Paradies. Der Bruch der Einheit hat den Verlust der Gemeinschaft zur Folge, des Zusammenlebens in ehrlicher und offener Kameradschaft.

Gott gewährt den Menschen alles, was sie brauchen, aber er bittet sie auch, ihr Vertrauen zu ihm zu zeigen, indem sie auf die Früchte eines einzigen Baumes im Garten verzichten. Sie aber verfallen auf die Idee, sie könnten selbst werden wie Gott, indem sie die Frucht essen. So erliegen sie der Versuchung und wollen sich lieber (vermeintliche) eigene Macht aneignen, als von Gott abhängig zu bleiben. Sobald sie das getan haben, verlieren sie jedoch die (tatsächliche) Macht, die sie zuvor hatten: sie büßen die Fähigkeit ein, aus der Einheit mit Gott Kraft zu beziehen. Sie sehen ihre Nacktheit und schämen sich.

In genau dieser Situation finden wir uns vom Augenblick unserer Geburt an vor. Dies ist die „Ursünde" der Menschheit. Wir wollen Erster sein. Wir wollen unabhängig sein. Wir wollen nicht zugeben, daß wir Gott brauchen. Wir verschließen uns der Tatsache, daß wir nach Gottes Ebenbild geschaffen sind; denn das biblische Bild für Gott ist völlige Hingabe und totale Liebe. Gott hat die Welt so sehr geliebt, daß er sie erschaffen hat! Er hatte es nicht nötig, menschlichen Wesen das Leben zu schenken, aber er tat es. Er hat sich buchstäblich veraus-gabt, indem er uns seinen Geist eingehaucht hat. Die Wahrheit ist so einfach, aber sie ist uns dennoch zuviel. Stattdessen laufen wir vor der Wirklichkeit davon und finden uns schließlich unter Bedingungen wieder, die alles andere als paradiesisch sind.

Nicht Gott ist es, der uns aus dem Paradies verstößt.

Wir verstoßen uns selbst aus dem Paradies, indem wir Gottes Angebot zurückweisen, in Einheit zu leben und jenes Leben zu erfahren, das sich dort ereignet, wo es Vertrauen und Vergebung gibt. Oder vielmehr: Wir entdekken, daß wir uns bereits in einer Welt befinden, die nicht in Harmonie ist, in einer Welt, in der die Menschen bereits „gefallen" sind. Unter diesen Bedingungen sind wir von Gott und voneinander entfremdet. Die anderen sind uns fremd, ja, sie sind unsere Feinde – obwohl sie nach biblischer Auffassung unsere Schwestern und Brüder sind, weil wir als Geschöpfe einen gemeinsamen Ursprung haben: der eine Gott ist Vater/Mutter der gesamten Menschheit. Wir sind uns sogar selbst fremd und suchen deshalb unaufhörlich nach dem Sinn unseres Lebens. Wir suchen es überall, nur nicht dort, woher das Leben kommt. Durch dieses Verhalten, dadurch, daß wir diese Lüge leben, eignen wir uns das Erbe der Ursünde an und geben es an andere weiter.

In unserer christlichen Kurzsichtigkeit haben wir sogar manchmal den Rückblick auf die Geschichte bei Christus enden lassen, um die Einheit zwischen Gott und der Menschheit vollkommen verwirklicht zu sehen. Aber schon der Autor von Genesis 3 sagt: „Nein, das ist nicht alles! Es reicht weiter zurück." Denn bevor Adam und Eva den Garten verlassen, verspricht Jahwe, daß die Menschheit (Evas „Nachwuchs") die Lüge als solche entlarven und ihre Ursache unschädlich machen wird (Genesis 3, 15). Die Menschen werden die Versuchung überwinden und den Versucher besiegen. Die Menschheit wird gewinnen Die Kinder der Erde werden einst wieder die Kinder Gottes sein.

Dem biblischen Schreiber ist klar, daß es bis zu diesem Tag noch weit hin ist. Dennoch erkennt er bereits im Ansatz, auf welche Weise Gott mit den Menschen umgehen wird: Gott gibt sich selbst, aber die Menschen weisen sein

Angebot der Nähe zurück. Gott jedoch läßt nicht davon ab, immer wieder und wieder neues Leben zu schenken. Dieser Wesenszug Gottes steht hinter der Geschichte von Kain und Abel, hinter der Geschichte von Noach und der großen Flut, hinter der Geschichte vom Turmbau zu Babel.

Schon kurz nach dem „Sündenfall" bringen Brüder einander um. Trennung von Gott führt zur Entfremdung vom Mitmenschen. Das Symbol dafür ist der Brudermord, der äußerste Isolation und den Abbruch jeglicher Kommunikation mit sich bringt. Kain erschlägt Abel und wird durch diese Tat auch allen anderen Menschen entfremdet. Immerhin kommt er durch und hat Kinder und Kindeskinder. Einige von ihnen kennen Gott; die meisten aber nicht. Entfremdung, Konkurrenzkampf und Korruption zeichnen das Antlitz der Erde.

In Genesis 6–10 flicht der Autor in den Fortgang der Erzählung ein Gleichnis von Gut und Böse ein. Die Geschichte über Noach und die Sintflut ähnelt anderen antiken Mythen des mittleren Ostens, wo Überschwemmungen gelegentlich schreckliche Verwüstungen anrichteten. Geschichtenerzähler pflegen aus solchen Katastrophen eine „Moral von der Geschicht'" zu gewinnen. In der mündlichen Tradition der Hebräer steigerte sich die Flut zu einer umfassenden Lektion über menschliche Bosheit und göttliche Güte.

Wer jemals eine Flutkatastrophe erlebt hat, weiß, wie entsetzlich das ist. Die gesamte Lebensordnung wird vernichtet; alles, wofür man gearbeitet hat, wird ausgelöscht. Das gleiche ereignet sich in unserem Leben, wenn die Beziehung zu Gott und zu den Mitmenschen nicht stimmt. Die Harmonie des Lebens wird zerstört; alles, worum wir uns gemüht haben, verliert seinen Sinn. Die Sintflut ist Symbol dafür, welche Folgen das Böse ganz von selbst zeitigt. Das geschieht ständig. Der biblische Autor hatte erlebt, wie das Königtum Israels infolge der herrschenden Bosheit zusammengebrochen war. In dieser Geschichte zeigt er, daß Vergleichbares immer und überall geschieht.

Mitten in dieser Sündhaftigkeit und in diesem sozialen Chaos gibt es jedoch einen Menschen, der Gott vertraut. Die Noachgeschichte ist ein wundervolles Bild des Glaubens. Lange bevor die vollen Konsequenzen des Bösen offenbar sind, befiehlt Jahwe dem Noach, eine Arche zu zimmern. Man stelle sich vor, wie jemand inmitten der Wüste ein riesiges Schiff baut! Aber Noach vertraut auf Gott. Er hat ein Leben lang Gott vertraut; was er tut, ist natürlicher Ausdruck seiner Treue. Die Nachbarn lachen ihn aus; er aber baut weiter. Er baut die Arche so groß, daß sie Platz bietet für seine Familie und für ganze Tierhorden; in der Arche ist genug Leben, um zu gegebener Zeit ganz neu anfangen zu können. Dann öffnen sich alle Schleusen des Himmels, und die menschliche Verderbtheit erntet ihre Selbstzerstörung. Die Bosheit der Welt wird hinweggespült; die aber, die Gott kennen, werden gerettet. Der Glaube ist ihre rettende Arche.

Die Geschichte endet damit, daß Gott das Antlitz der Erde wiederherstellt. Nachdem reiner Tisch gemacht ist, bekommt das Menschengeschlecht eine neue Chance. Die Tiere verlassen die Arche und die Schöpfung ist regeneriert. Das Chaos weicht einem neuen Einklang. Gottes Ja zur Menschheit gewinnt ein weiteres Mal die Oberhand.

Als wäre dies alles nicht genug, schließt Gott einen Bund mit Noach und seinen Nachkommen. Vom Inhalt her ist dieser Bund noch recht primitiv, aber er ist immerhin ein Vorläufer künftiger Entwicklungen. Die Bühne wird aufgebaut. Bereits der Noachbund weist die Wirkmuster göttlichen Handelns auf, insoweit sie zum damaligen Zeitpunkt für die Menschen nachvollziehbar waren: Die Menschen verpflichten sich darauf, Mord nicht mehr ungesühnt hinzunehmen, wie sie es vor der Sintflut getan hatten. Jahwe seinerseits verspricht, die Welt nie mehr durch Wasserfluten zu zerstören. Das Böse soll nie wieder in globalem Ausmaß triumphieren dürfen. Diese Verheißung gilt allen Menschen bis heute. Es handelt sich um einen Bund mit dem Leben selbst, mit „allem, was lebt". Gott liebt das Leben und behält sich allein das Recht vor, den Tod zu verhängen.

Man sollte meinen, die Menschheit hätte diesmal dazugelernt; aber der biblische Autor belehrt uns eines Besseren. Vielleicht hätte es noch schlimmer kommen können, aber es kam schlimm genug. Wie konnte es überhaupt soweit kommen? Zunächst einmal weiß auch der Autor der Genesis, daß Gott keine Enkelkinder hat. Noach war ein Kind Gottes; aber schon Noachs Kinder standen Gott nicht mehr alle genauso nah. Langsam schleicht sich die Sünde wieder ein, vor allem in Gestalt von Stolz und falschem Streben nach Selbstbehauptung. Zudem hat der Autor ein ganz praktisches Problem: Wenn alle Menschen Nachkommen Noachs sind, weshalb sprechen sie dann verschiedene Sprachen? Er verarbeitet das Problem literarisch durch die Aufnahme eines weiteren Mythos: der Geschichte vom Turmbau zu Babel.

In Kapitel 11 lesen wir von einer Neuauflage der Sünde der ersten beiden Menschen, diesmal allerdings in großem Stil. Es geht um Machttrieb und Selbstbehauptung. Die Menschen der Erde wollen sich selbst einen Namen machen, anstatt den Namen Gottes zu ehren; deshalb beschließen sie, einen Turm zu bauen, der bis an den Himmel reicht. Sie starten ihr Projekt, aber Gott schaut herab und sagt: „Du liebe Güte! Nicht schon wieder! Was kann ich denn diesmal machen, damit sie endlich lernen?" So verwirrt er ihre Sprache; und weil sie nun verschiedene Sprachen sprechen, müssen wir ihr Werk unvollendet lassen. Schließlich zerstreuen sie sich über die ganze Erde.

Die Analogie ist klar. Die Menschen versuchen immer wieder, alles selbst in die Hand zu nehmen, ihre Probleme allein zu lösen, zu sein wie Gott. Wir machen das heute zum Beispiel mit Hilfe politischer und militärischer Bündnisse. Wir tun es mit unserer Wirtschaftspolitik und durch soziale Unterdrückungsmechanismen. Diese Art der Kooperation und des Einheitsstrebens auf Kosten anderer führt am Ende immer zum Gegeneinander. Wenn eine bestimmte Gruppe meint, sie allein „hat es", und andere ausgrenzt, kommt es früher oder später automatisch in dieser Gruppe selbst zu Spaltung und Zerfall. Das ist eine Art Naturgesetz und rührt daher, daß dies der Weg der Menschen ist, Probleme zu lösen, nicht aber Gottes Weg. Nur Gottes Weg führt langfristig zum Heil. Nur wenn wir den göttlichen Plan entdecken und uns zu eigen machen, erreichen wir das angestrebte Ziel; und der göttliche Plan ist niemals ein Weg der Selbstbehauptung, sondern immer ein Weg der Selbsthingabe.

Dasselbe gilt auch im religiösen Bereich. Wir erfüllen unsere Sonntagspflicht und meinen, das würde irgendwas bringen. Wir entwickeln alle möglichen Programme und Projekte auf Gemeinde- und Diözesanebene und glauben, das wäre etwas. Nicht, daß Liturgien und Programme an und für sich schlecht sind; aber allzuleicht betrachten wir sie als etwas, was wir für Gott tun, anstatt Gott zu erlauben, durch diese Dinge in uns zu wirken.

Selbst die Theologie kann diesbezüglich versagen. Wir studieren und lernen, debattieren und diskutieren; und sobald wir ein gewisses Maß von „lehrmäßiger Einheit" erreicht haben, denken wir bereits, wir sind vorangekommen. Aber im Endeffekt bringt das Theologisieren an und für sich gar nichts. Es ist ein Reden über Gott anstatt Kommunikation mit Gott; und wenn uns Bibelstudium und dogmatische Analysen nicht zu einer persönlichen Gottesbeziehung führen, bleiben sie nichts als Sprachspiele.

132

Das alles ist nicht mehr wert als ein anspruchsvolles Kreuzworträtsel. Wir meinen oft, wir suchen nur nach Lösungen unserer religiösen Probleme und nach Antworten auf unsere theologischen Fragen; aber in Wirklichkeit wollen wir viel mehr: wir sind im Tiefsten auf der Suche nach einem Leben mit Gott. Nur Gott selbst kann uns das schenken, indem er uns zur Einheit führt. Wir können nichts anderes tun, als zu vertrauen und ein Leben der Einheit annehmen – und von diesem Zentrum aus handeln.

Genesis 12 bis 50

Die Bühne steht also. In der mythologischen Geschichtsschreibung der Eingangskapitel der Genesis hat der inspirierte Autor immer wieder gezeigt, wie die Menschheit versucht, sich selbst zu erlösen. Jetzt ist Gott an der Reihe. Oder besser gesagt: Jetzt, da sich die Geschichte der göttlichen Erlösung zu entfalten beginnt, ist es an der Zeit, daß Personen auf der Bildfläche erscheinen, die Gottes Plan sichtbar werden lassen.

Der Schreiber dieses Buches ist sich bewußt, daß Gottes Heil eine Geschichte hat; er selbst lebt mitten in dieser Geschichte. Aber irgendwo muß er anfangen. Historisch begann wohl alles mit der Flucht aus Ägypten; deshalb haben auch wir das Buch Exodus an den Anfang gestellt. Aber religiös konnte dieser Einstieg nicht ganz befriedigen, wenn Gott wirklich Gott ist und wenn Jahwe von Anfang an der Schöpfer und Erlöser ist. Deshalb greift der biblische Autor nun auf Israels Vorgeschichte zurück, auf die Zeit vor dem Auszug aus Ägypten, auf die vorhebräische Zeit, deren Andenken in Sagen und Legenden bewahrt ist: auf die Geschichten von Abraham und Isaak, von Esau und Jakob, von Joseph und seinen Brüdern.

Wir betrachten die Vergangenheit immer aus unserer heutigen Perspektive. Wenn die Amerikaner an die Gründung ihrer Nation denken, blicken sie auf Washington, Jefferson, Adams und die anderen Gründerväter. Wenn es aber den Engländern gelungen wäre, die Revolte der Kolonisten niederzuschlagen, hätten die Historiker über andere Gestalten geschrieben. Wenn wir an den amerikanischen Bürgerkrieg denken, fällt uns sofort Abraham Lincoln ein. Aber wenn der Süden gewonnen hätte, würden wir wahrscheinlich erst einmal an Jefferson Davis denken.

So war es auch in Israel. Der biblische Autor hat historisch den Niedergang des israelitischen Königreichs, religiös den Bund Gottes mit seinem Volk und prophetisch die Notwendigkeit des Gottvertrauens im Blick. Der Autor blickt von hier aus zurück und erkennt ganz klar, daß alles mit dem Glauben eines einzelnen Menschen begonnen hat.

Wenn man in eine Richtung geführt wird, die man freiwillig lieber nicht einschlagen würde, ist das oft Gottes Werk und nicht das eigene. Wenn man dieser Führung folgt und dabei entdeckt, daß die eigenen Sehnsüchte dabei erfüllt werden, wie man es sich nie hätte träumen lassen, kann man sicher sein, daß Gott es war, der einen von Anfang an an diesen Platz gerufen hat. Das ist die grundlegende Erfahrung des Glaubens. Es geht nicht darum, die richtige Religion, Dogmatik oder Theologie zu haben. Es geht darum, auf dem richtigen Lebenskurs zu sein. Es geht darum, den Weg zu gehen, den Gott uns führt. Es geht darum, für Gottes Anruf offen zu sein, ihm zu vertrauen und ihm zu folgen, bis sich – mitunter völlig unerwartet – neues Leben ereignet.

Vom 12. Kapitel an dreht sich im Buch Genesis alles um den Glauben, um die Antwort auf Gottes Berufung, um das Vertrauen auf Gottes Führung. Es handelt davon,

134

wie man sich selbst preisgibt und wie man Gott findet, und daß beides dasselbe ist.

Es beginnt mit Abraham – oder *Abram,* wie er zunächst hieß. Der Name hängt im Hebräischen mit abba zusammen, was „Vater" bedeutet. Abraham ist der große Stammvater, der Vater der Israeliten, der Vater ihres Glaubens. Aber Abraham war keineswegs Israelit oder Jude (geschweige denn Christ oder Katholik!). Er betete niemals in einem Tempel; er hat nie eine Messe besucht. Und trotzdem „glaubte" er. Paulus sagt, der Glaube Abrahams sei ihm von Gott „als Gerechtigkeit" angerechnet worden (Römer 4). Weshalb? Weil er auf Gott hörte und sich seiner Führung anvertraute. Er ließ sich auf ein Vertrauensverhältnis zu einem personalen Gott ein. Diese Einstellung nennen wir „Glaube". Er gab seine Sicherheiten auf – für bloße Versprechen. In der Bibel lesen wir:

Der Herr sprach zu Abram: „Zieh weg aus deinem Land, von deiner Verwandtschaft und aus deinem Vaterhaus in das Land, das ich dir zeigen werde. Ich werde dich zu einem großen Volk machen, dich segnen und deinen Namen groß machen. Ein Segen sollst du sein" (Genesis 12, 1–2).

Gottes Weg ist immer ein Weg der Verheißung. Gott kommt ins Leben eines Menschen und verspricht ihm etwas. Der Mensch wird ein Glaubender, indem er dieses Versprechen annimmt und auf seine Erfüllung wartet. In diesem Sinne packt Abraham, der Vater des Glaubens, seine Siebensachen und seine Familie und macht sich auf den Weg durch die Wüste.

Das setzt schon ein gewisses Maß an Glauben voraus. Aber dem biblischen Autor genügt das nicht. Er möchte unmißverständlich zeigen, wie außergewöhnlich der Glaube Abrahams ist. (Man erinnere sich, daß es dem Autor um den Glauben geht und nicht um eine reale historische Gestalt; deswegen malt er sein Bild mit kühnem Pinselstrich.) Als ob es nicht reicht, daß Abraham sich aufmacht und loszieht – der Mann ist auch schon 75 Jahre alt! Nicht nur das – seine Frau Sara ist ungefähr genauso alt! Und noch dazu ist sie kinderlos, unfruchtbar! Wie soll diese Frau zur Mutter einer großen Nation werden? Der Autor versucht uns auf jede erdenkliche Weise zu sagen, daß das alles mit dem Glauben zusammenhängt! So sieht das aus, wenn man Gott vertraut und nicht nach den Konsequenzen fragt.

Glaube hat nichts mit „gesundem Menschenverstand" zu tun. Es gibt keinen vernünftigen Grund für Abraham, Gott zu vertrauen. Dennoch erreicht er das Gelobte Land, das zukünftige Land Israels, genau wie Jahwe es versprochen hat. Gott hatte versprochen, daß dieses Land existieren würde, und da war es! Nachdem er es erreicht hat, schaut Abraham sich um und stellt fest, daß es bereits besiedelt ist und daß seine Könige durchaus kampfbereit sind, um ihr Territorium zu verteidigen. Aber Abraham vernimmt abermals Gottes Stimme, die ihm zuredet: „Fürchte dich nicht, ..., ich bin dein Schild" (Genesis 15,1).

Glaube ist das Gegenteil von Furcht. Der Glaubensweg ist ein Vertrauensweg, auf dem man Gott das Kämpfen überläßt. Abraham ist noch ein Neuling in Sachen Glauben. Als Gott zu ihm sagt: „Ich bin der Herr, der dich aus Ur in Chaldäa herausgeführt hat, um dir dieses Land zu eigen zu geben", fragt Abraham: „Herr, mein Herr, woran soll ich erkennen, daß ich es zu eigen bekomme?" (Genesis 15,7–8).

Jahwes Antwort ist eine klassische Einladung zu tieferem Glauben. Abrahams Glaube ist bereits groß; aber er muß weiter wachsen. Gott bietet ihm keine Beweise. Stattdessen fordert er Abraham auf, ein Opfer darzubringen, das heißt, das damalige Ritual für die Kommunikations-

136

aufnahme mit Gott zu vollziehen. Mit anderen Worten: Gott lädt Abraham ein, sich noch enger auf ihn einzulassen. Wir erkennen Gott einzig und allein im Vollzug: indem wir ihn lieben, ihm vertrauen, eins werden mit ihm. Es gibt keine logischen Beweise. Es gibt keine Wahrsagekugeln aus Kristall. Daß Gott Wort halten wird, das weißt du genauso, wie du weißt, daß ein Freund Wort hält: er schaut dir in die Augen und du liest in seinem Blick, daß es so ist.

Aber wie? Das ist Abrahams nächste große Frage. Wie soll er von einer Frau Kinder bekommen, die mittlerweilen 90 ist und noch dazu unfruchtbar? Er kommt zu dem Schluß, daß Gott wohl darauf wartet, daß er, Abraham, die Sache selbst in die Hand nimmt. Im Einklang mit damaligen Stammesbräuchen zeugt er deshalb mit seiner Sklavin Hagar einen Sohn namens Ismael. Aber Gott sagt: „Nein, du mußt nichts selber machen – außer Saras Ehemann zu sein. Nicht du handelst, sondern ich. Vertraue mir!" So traut Abraham endlich Gott das Unmögliche zu und Sara bekommt tatsächlich einen Sohn, Isaak. Endlich sieht es so aus, als ob sich die Verheißung doch noch erfüllt!

Aber noch immer ist Abrahams Glaube nicht vollkommen. Noch eine Prüfung steht ihm bevor. Nach einigen Jahren kommt Jahwe zu ihm und sagt: „Also Abraham, jetzt will ich noch mal sehen, wie sehr du mir vertraust. Ich will, daß du Isaak umbringst und mir opferst!" Diesmal ist Abraham zum Äußersten bereit. Er hat mehrmals erlebt, daß bei Gott nichts unmöglich ist, und deshalb antwortet er: „Also gut. Du bist der Herr. Du kennst deine Verheißung. Ich glaube noch immer an dein Versprechen und daß du es irgendwie hältst. Wenn du sagst, ich muß meinen einzigen Sohn opfern, dann bin ich bereit." Glaube ist nicht immer logisch und sieht manchmal auf den ersten Blick sogar unmoralisch aus.

Abraham führt seinen Sohn den Hügel hinauf und legt Isaak auf den Altar. Er tut etwas, wogegen sich sein Vaterherz aufbäumt. Er ist dabei, etwas zu tun, was wider alle Vernunft ist. Aber er vertraut bis zur bitteren Neige und erhebt schon das Messer, da ruft Gott: „Streck deine Hände nicht gegen den Knaben aus, und tu ihm nichts zuleide! Denn ich weiß jetzt, daß du Gott fürchtest; du hast mir deinen einzigen Sohn nicht vorenthalten" (Genesis 22, 12). Gott selbst sorgt für ein Tier, das statt des Jungen geopfert werden soll. Gott selbst schenkt Abraham das, was er braucht, um die Verbindung mit ihm aufnehmen zu können. Gott schenkt alles.

Auf diese Weise wird Abraham frei. Er hatte sich von Familie und Land gelöst, als er seine Heimat verließ. Er hatte sich von seiner Angst gelöst, als er in feindliches Territorium vorstieß. Er hatte sich vom Zweifel gelöst, als er sich von Gott einen Sohn schenken ließ. Schließlich löst er sich sogar von der Bindung an sein eigenes Kind und von der Sorge um die Zukunft, indem er sich ganz und gar in Gottes Hand gibt.

Und was tut Gott? Er erstattet ihm alles. Abraham bekommt Familie, Heimat, Sohn und Zukunft zurück. Der Lohn seines Glaubens besteht in der Freiheit, die Erfüllung seiner tiefsten Herzenssehnsucht zu erleben. Diese Sehnsucht hat Gott selbst in uns angelegt, diese Sehnsucht, die zum Glauben führt, so wie der Glaube schließlich zur letzten Erfüllung des Menschseins führt.

Abraham stirbt glücklich und zufrieden. Er hat seine Nachkommen nicht gesehen. Er hat nicht miterlebt, wie das Gelobte Land sein Eigentum wird. Aber er hat Gott gesehen – und in dieser Vision hat er alles gesehen.

Im weiteren Verlauf erzählt der Autor der Genesis die Geschichte Isaaks und seiner beiden Söhne Esau und Jakob. Er erzählt davon, wie Jakob mit Jahwe ringt und schließlich den Namen Israel erhält. Er erzählt die Geschichte der zwölf Söhne Jakobs, der Stammväter der zwölf Stämme Israels, und wie sie nach Ägypten ziehen, um der Hungersnot in Kanaan zu entkommen. Er erzählt die Geschichte Josephs, Jakobs Lieblingssohn, der Gott vertraut und am Ende die Familie vor dem Hungertod rettet. In Wahrheit aber ist alles ein und dieselbe Geschichte. Es ist die Geschichte Abrahams, die Geschichte des Glaubens. Es ist die Geschichte des Glaubens Isaaks, des Glaubens Jakobs und des Glaubens Josephs, die sich alle auf Gottes Führung verlassen.

Sicher, sie sind nicht vollkommen. Jakob ist ein ausgekochter Betrüger, der mit allen Wassern gewaschen ist. Aber auch er lernt schließlich, Gott zu vertrauen. Seine Söhne sind auf ihren Bruder Joseph eifersüchtig und verkaufen ihn in die Sklaverei. Aber am Ende erleben sie, daß Gott auch ihre Sünde wenden kann. Sie entgehen dem Hungertod, weil Joseph Gott vertraut hat. Die Genesisgeschichte von Abraham bis Joseph ist die Geschichte des Loslassens und Erfülltwerdens. Sie handelt davon, daß Gott seinen Verheißungen treu bleibt, wenn die Menschen ihm vertrauen – und sogar dann, wenn sie es nicht tun! Es handelt sich um die ständige Wiederholung der Geschichte vom Glauben, auch wenn die Darsteller ständig wechseln. Es ist zugleich die Geschichte vom Lohn des Glaubens, der in der Erfüllung der Verheißung besteht. Die Erfüllung allerdings stellt sich fast immer völlig anders ein als ursprünglich erwartet.

Ijob

Das Buch der Genesis hat ein Happy-End. Es hat sogar gleich mehrere glückliche Ausgänge, weil immer alles gut endet, wenn Abraham und seine Nachfahren Gott vertrauen.

Aber das ist nicht die ganze Wahrheit des Lebens! Manchmal vertrauen Menschen auf Gott und landen doch im Elend. Andere Leute gibt es, denen Gott völlig egal ist, und trotzdem fahren sie im Straßenkreuzer durch die Gegend und machen sich bis an ihren letzten Tag ein schönes Leben. Was ist da los? Wen führt die Bibel an der Nase herum? Mit diesem Problem ringt der Autor des Buches Ijob.

Während der nachexilischen Zeit, in der dieses Buch entstand, glaubten die Juden nicht an ein Fortleben nach dem Tode (die meisten Juden tun das bis heute nicht). Das Judentum war – und ist – eine diesseitig orientierte Religion. Juden glauben, daß ein Lebensweg mit Gott und Gotteserkenntnis *in sich selbst* die Erfüllung des Menschseins *ist* – hier und jetzt. Sie erwarten nicht, daß das in einer jenseitigen Welt passiert. Im Judentum rechnet man nicht mit „himmlischen Luftschlössern" nach dem Tode; es gibt keine himmlische Belohnung dafür, daß man beim irdischen Wettrennen gut abgeschnitten hat.

Logische Konsequenz dieser Einstellung ist es, daß Lohn und Strafe im Diesseits erwartet werden, nicht im Jenseits. Gutes Betragen wird belohnt und schlechtes Benehmen wird bestraft werden – nicht nach dem Tod, sondern in diesem Leben. Die hebräischen Schriften – vor allem das Buch der Sprichwörter und die übrige Weisheitsliteratur – versprechen immer wieder, daß der Gerechte Erfolg haben wird, während der Übeltäter die Konsequenzen seiner Bosheit tragen muß.

Alles gut und schön. Solange es den Israeliten einigermaßen gut ging, kamen sie mit dieser ziemlich schlichten Moraltheologie zurecht. Aber dann wurde ihr Königreich vernichtet und die gesamte Nation ins Exil verschleppt. Plötzlich funktionierte das System nicht mehr! Irgend etwas mit dieser einfachen Theologie von Gut und Böse schien absolut nicht zu stimmen. Nicht nur die Schuldigen mußten leiden, sondern auch die Unschuldigen; nicht nur die wohlhabenden Götzendiener wurden besiegt, sondern auch den Armen und Gerechten erging es dreckig.

Angesichts dieses unerklärlichen Leidens mußten die Juden ihre Moraltheologie überdenken. Der Autor des Buches Ijob rang mit dem Mysterium des Bösen und fragte sich, wieso guten Menschen Böses widerfährt und ob Gott wirklich die Gerechten liebt und die Übeltäter haßt. Anders als heutige Theologen kleidete der antike Schreiber seine Theologie in Dichtung; er schrieb in Form einer Erzählung oder eines Dramas.

Wenn wir dieses Buch wie ein Theaterstück betrachten, erkennen wir sofort, daß Ijob die Hauptfigur ist, Gott der Held und Satan der Bösewicht. Die drei Freunde Ijobs bringen und halten das Geschehen in Gang: nacheinander führen sie alle bisherigen Lösungen zum Problem des Bösen vor und sehen ihre Grenzen. Am Ende greift Gott selbst in den Dialog ein und gibt eine Antwort, vor der es den Intellektuellen die Sprache verschlägt.

In der Eingangsszene wird Ijob als redlicher und treuer Diener des Herrn vorgestellt. Er hat ein tadelloses Leben geführt, andere gerecht behandelt und sich dabei bester Gesundheit und eines beachtlichen Wohlstandes erfreut. Anfangs scheint also die alte Theorie noch zu stimmen, derzufolge gutes Benehmen belohnt und schlechtes bestraft wird.

Nun tritt Satan, der „Advokat des Teufels", in Aktion, kommt vor Gottes Thron und stellt die Behauptung auf, daß Ijob nicht deshalb gut ist, weil er Gott liebt, sondern weil ihm seine Gesetzestreue bisher reichlich versilbert wurde: „Natürlich ist Ijob gerecht und ehrlich", sagt Satan. „Unbestritten, daß er Gott jeden Tag danksagt. Aber doch nur, weil du ihn gesegnet hast! Nimm ihm alles weg und schau, ob er dich dann immer noch lobt und preist!"

Gott aber hat Zutrauen zu Ijob. Er erlaubt Satan, Ijob alles zu nehmen, was er hat – Wohlstand, Kinder, sogar die Gesundheit. Dennoch weigert sich Ijob, Gott zu verfluchen:

Nackt kam ich hervor aus dem Schoß meiner Mutter; nackt kehre ich dahin zurück. Der Herr hat gegeben, der Herr hat genommen; gelobt sei der Name des Herrn (Ijob 1, 21).

Damit ist die Bühne für das Drama aufgebaut, das sich nunmehr entfalten soll. Für den Rest des Buches steht Ijob vor dem Geheimnis des Bösen. Er beklagt sein Unglück und steht in der Versuchung, sich auf einfache Erklärungen einzulassen. Aber dann widersteht er den Versuchungen und nimmt den Kampf mit der offenkundigen Absurdität und Sinnlosigkeit des Lebens auf.

Früher oder später kommt jeder Mensch, der sich bemüht, gut zu sein und recht zu handeln, an diesen Punkt. Wir müssen mit dem Geheimnis des Bösen kämpfen, mit dem Geheimnis Gottes, mit dem Geheimnis des Lebens. Erst im *Kampf* mit dem Mysterium lernen wir es wirklich kennen. Erst im *Durchleben* des Bösen beginnen wir sein Wesen zu begreifen. Erst im *Ringen* mit Gott, wie es Jakob tat, beginnen wir zu sehen, daß Gott die Quelle unserer Stärke und Befreiung ist. Erst durch die *Begegnung mit dem Leben* selbst und durch die *Schläge*, die es uns ins Gesicht versetzt, fangen wir an zu ahnen, was das Leben eigentlich ist.

Drei Freunde, die erfahren haben, welch hartes Los Ijob ereilt hat, kommen zu Besuch und bieten ihm Beistand und Trost an. *Elifas, Bildad* und *Zofar* heißen sie – aber schöne Freunde sind das! Sie sind es, die Ijob in Versuchung führen, der Realität nicht ins Auge zu sehen, es aufzugeben, um ein Verstehen zu ringen, aufzuhören mit Gott zu kämpfen – um sich mit den fertigen Antworten abspeisen zu lassen, die von der Weisheit und Religion ih-

142

rer Zeit angeboten werden. Ijobs Freunde wollen Antworten, Lösungen und Trost ohne die furchterregende Reise in die dunklen Abgründe der Seele.

Elifas redet als erster. Er fordert Ijob auf, Gott um Hilfe zu bitten, da Gott Gebete immer erhöre. Gott belohne die Gerechten und bestrafe die Bösen; wenn wir also mit Gott ins reine kämen, würde er unsere Lebensumstände in Ordnung bringen. *Bildad* unterstreicht das, indem er darauf hinweist, daß Ijob, da er ja leidet, irgend etwas getan haben müsse, um sein Geschick zu verdienen. Ijob müsse also nur Gott seine Sündhaftigkeit beichten, und alles würde gut werden. *Zofar* ergänzt das Argument durch die These, daß zwischen dem Handeln einer Person und Gottes Reaktion ein direkter Tun-Ergehens-Zusammenhang bestehe. Gottes Gerechtigkeit würde Ijobs Leiden nicht zulassen, wenn es dafür keine Ursache gäbe. Dies alles sind bewährte religiöse Argumente. Diese Burschen würden auch heute in manchem frommen Verein und in mancher Gebetsgruppe eine gute Figur machen.

Zweifelsohne versuchen diese drei Tröster, das Richtige zu tun. Sie versuchen, Ijob auf die Sprünge zu helfen, inwiefern er im Unrecht sein könnte. Sie wollen ihm helfen herauszufinden, welch heimliche Sünde dieses Elend verursacht hat. Und Ijob gibt sich alle erdenkliche Mühe. Er versucht, die Dinge aus ihrem Blickwinkel zu betrachten. Er versucht herauszubekommen, was er falsch gemacht hat, damit er es in Ordnung bringen kann. Aber er kann die Sünde einfach nicht entdecken, die der religiösen Tradition zufolge, aus der er kommt, eigentlich da sein müßte.

So fällt das so säuberlich gezimmerte religiöse System, das von den drei Tröstern vorgestellt wird, wie ein Kartenhaus in sich zusammen. Sie versuchen, die Wirklichkeit in ihre Kategorien zu zwängen, aber Ijob setzt sich mit der Wirklichkeit auseinander, wie sie ihm wirklich begegnet.

Sie versuchen zu sagen, was Gott ist und wie Gott zu handeln hat, aber Ijob ringt mit der Realität Gottes, die er hautnah erlebt. Sie reden über das Böse, als sei das ein Problem, das gelöst werden muß, aber Ijob stellt sich dem Mysterium des Bösen als etwas, was er erleiden muß. Sie geben intellektuelle Antworten, die kurzfristig den Verstand befriedigen, aber Ijob agiert aus dem Bauch heraus, wo eine Antwort durchlebt werden muß, bevor man sie „hat".

Machen wir uns nichts vor: sicherlich identifizieren wir uns ziemlich schnell mit Ijob, weil er die Hauptperson ist; er ist der „Gute", der seinen Schmerz geduldig trägt. Aber in Wirklichkeit neigen wir alle eher dazu, uns wie die drei Freunde zu verhalten. Über weite Strecken der Geschichte sah „Katholischsein" genau so aus: Wir hatten unseren bewährten Katechismus, der uns sagte, wie es mit Gott und mit der Kirche steht. Wir hatten fein säuberlich definiert, was geht und was nicht. Wir hatten moralische Vorschriften, die uns sagten, was richtig und falsch ist. Und wir hatten die römische Kurie, die uns im Zweifelsfalle aus jedem moralischen Dilemma half.

Je mehr wir nun Gott in der Schrift entdecken, desto deutlicher merken wir, daß die Wirklichkeit – auch die religiöse Wirklichkeit! – in kein einfaches Schema paßt. Wir lesen im Evangelium, daß der Geist dem Wind gleicht (Johannes 3, 8). Er weht, und wir wissen nicht, woher. Wir können den Geist nicht unter Kontrolle bringen! Unser endlicher Verstand kann den unendlichen Gott nicht fassen. Wir wollen Gott immer wieder in Wörter zwängen, aber Gott wird das nicht zulassen. Die Erfahrung, die wir mit Gott machen, steht dem entgegen. Das entdeckt Ijob. Darum geht es dem biblischen Autor; deshalb schreibt er die Geschichte auf diese Weise auf.

Der Autor hat Israels Exilszeit noch in frischer Erinnerung. Mit dieser Erinnerung stellt er sich dem Mysterium des Leidens, beißt sich daran fest und weigert sich, sich mit frommen Gemeinplätzen zufriedenzugeben. Und er beginnt zu vermuten, daß es mehr geben muß. Weil er den Zerfall der bisherigen Wirklichkeit erlebt hat und Zeuge davon war, wie die alten Moralgesetze zusammengebrochen sind, beginnt er sich zu fragen, ob die letztgültige Antwort überhaupt in diesem Leben gefunden werden kann. In seiner Seele ist so etwas wie die Sehnsucht nach Unsterblichkeit erwacht. Ijob verleiht dieser Sehnsucht in Kapitel 14 Ausdruck:

Für den Baum besteht noch Hoffnung, ist er gefällt, so treibt er wieder, sein Sprößling bleibt nicht aus. Wenn in der Erde seine Wurzel altert und sein Stumpf im Boden stirbt, vom Dunst des Wassers sproßt er wieder, und wie ein Setzling treibt er Zweige. Doch stirbt ein Mann, so bleibt er kraftlos, verscheidet ein Mensch, wo ist er dann? Die Wasser schwinden aus dem Meer, der Strom vertrocknet und versiegt. So legt der Mensch sich hin, steht nie mehr auf; die Himmel werden vergehen, eh' er erwacht, eh' er aus seinem Schlaf geweckt wird. Daß du mich in der Unterwelt verstecktest, mich bergen wolltest, bis dein Zorn sich wendet, ein Ziel mir setztest und dann an mich dächtest!

Wenn einer stirbt, lebt er dann wieder auf? Alle Tage meines Kriegsdienstes harrte ich, bis einer käme, um mich abzulösen. Du riefest, und ich gäbe Antwort, du sehntest dich nach deiner Hände Werk (Ijob 14, 7–15).

Ijob hofft gegen alle Hoffnung, glaubt gegen alles, was man ihm zu glauben beigebracht hat. Der Autor erahnt, daß es über das vorfindliche Leben hinaus noch etwas geben muß. Als Nation haben die Israeliten selbst erlebt, wie sie geschlagen und abgestorben im Exil saßen. Dennoch bleibt ein Rest übrig und trägt die Hoffnung auf eine Neugeburt in sich. Als Israelit stellt sich der Autor die Frage, ob das, was sie *kollektiv* erlebt haben, auch im *individuellen* Leben möglich ist. Könnte es eine Möglichkeit geben, den Tod zu überleben? Könnte es einen Ort geben, an dem sich Gottes Gerechtigkeit endgültig verwirklicht? Zumindest in einem Abschnitt seines Buches scheint der Autor diese Zuversicht ins Auge zu fassen:

> Doch ich, ich weiß: Mein Erlöser lebt, als letzter erhebt er sich über dem Staub. Ohne meine Haut, die so zerfetzte, und ohne mein Fleisch werde ich Gott schauen. Ihn selber werde ich dann für mich schauen; meine Augen werden ihn sehen, nicht mehr fremd. Danach sehnt sich mein Herz in meiner Brust (Ijob 19, 25–27).

In diesem Abschnitt wagt Ijob den Sprung des Glaubens. Er ist mit Gott bis an diesen Punkt gegangen. Er kennt sein Leiden. Er weiß, daß sein Leben sinnlos ist. Dennoch hat er in der Begegnung mit Gott Leben gefunden, er hat Kontakt bekommen mit einer Realität, die unzerstörbar zu sein scheint. Das glaubt er. Er befindet sich jetzt in jenem Raum, in dem sich Glaube und Hoffnung vermischen. Er ruht in dem nicht mehr in Worte zu fassenden Vertrauen auf eine Verheißung, die er erahnt. Er vertraut darauf, daß sein Weg mit Gott über den Tod hinaus führen wird.

Dennoch schafft Ijobs Glaube sein Leiden nicht aus der Welt. Kapitel für Kapitel ringt er mit dem Geheimnis des Leidens. Er hat auf Gerechtigkeit und Erlösung gehofft, aber er kann nur hoffen. Schließlich bringt er in den Kapiteln 29 bis 31 seinen Fall ein letztes Mal vor. Gewürgt von unverdientem und unbegreiflichem Elend, proklamiert er seine Schuldlosigkeit. Er fleht Gott um Antwort an, ja, lästert ihn beinahe und nennt ihn grausam und herzlos. Er pocht auf Anhörung, als ob er meint, er könnte Gott provozieren, endlich aus der Versenkung aufzutauchen und ihm die Antwort zu geben, nach der er verlangt.

146

Wer von uns würde es wagen, so zu beten? Und doch handelt es sich um echtes Gebet. Es ist kein Kopf- und Lippenprodukt, sondern kommt aus dem Herzen und dem Innersten. Ijob weiß, wie es zwischen ihm und Gott steht. Er weiß, daß er nichts getan hat, um das zu verdienen, was er durchmacht. Er hat Gott ein Leben lang vertraut; so vertraut er auch jetzt darauf, daß Gott in seinem aufrichtigen Herzen lesen und auf seine Worte hören wird, auch wenn sie noch so anmaßend klingen.

Wir können von Gott nie zu viel verlangen. Wir können Gott nie überfordern. Wie könnte man Gott je zu groß machen? Wie könnte man ihm je zu sehr vertrauen? Gott ist immer größer, als wir denken. Gott liebt uns immer mehr, als wir das von ihm erwarten.

Mit seinem Leiden und mit seiner Auferstehungshoffnung wird Ijobs Weg zum Symbol jenes Golgataberges, den alle Glaubenden irgendwann einmal erklimmen müssen. Wir alle müssen durch diese Erfahrung hindurchgehen. Wichtig ist dabei nur, daß wir – wie Ijob – nicht vor ihr davonlaufen. Wir müssen uns dieser Erfahrung stellen, auch wenn uns das noch so schwerfällt; wir müssen sie durchstehen.

Im Durchschreiten und Durchleben des Geheimnisses werden wir heil. Im *Kreuz* entdecken wir die Auferstehung. Im Loslassen des Lebens werden wir freigesetzt zu wirklichem Leben.

In Kapitel 32 betritt eine weitere Person die Bühne, ein junger Mann namens *Elihu*. Er erklärt, daß er sich bisher zurückgehalten hat, weil die Älteren redeten; aber nun würde auch er gerne etwas sagen. Tatsächlich hat Elihu ungeachtet seiner Jugend eine erstaunlich reife Einstellung zum Leid. Geistliche Weisheit ist keine Funktion des Alters; manchmal können Erwachsene von Jugendlichen eine Menge lernen. Geistliche Weisheit entspringt aus erlebtem Leid und aus der Reflexion darüber. Kinder, die viel durchgemacht haben, sind mitunter reifer als Erwachsene, denen diese Erfahrung fehlt.

Das ist in der Tat Elihus Thema. Leiden führt uns zu geistlichem Wachstum, sagt er, wenn wir angemessen damit umgehen. Es hilft uns, unser Leben und unsere Motive zu überprüfen, wenn wir zulassen, daß es uns läutert. Menschen, die in ihrem Leben viel unverdientes Leid erfahren haben, gelangen oft zu tiefer Weisheit, zu ganz besonderer Sensibilität für andere und zu einer Liebesfähigkeit, die erfrischend wirkt, wenn man solchen Menschen begegnet. Sie fordern nichts von dir; sie sind bereit, dich anzunehmen wie du bist. Sie versuchen nicht, andere Menschen für ihre Zwecke zu benutzen; sie suchen vielmehr nach Gelegenheiten, für andere da zu sein. Sie klammern sich nicht so sehr an irdische Güter; sie betrachten ihren Besitz als Leihgabe Gottes.

Allerdings hat Leiden nicht automatisch und von sich aus diese Wirkung. Viele Menschen werden durch ihr Leid verbittert; ihre Persönlichkeit verengt sich, sie werden infolge ihrer Entbehrungen kleinkariert und egozentrisch. Deswegen ist nicht so entscheidend, *was uns begegnet*, sondern die Frage, *wie wir damit umgehen*. Nur wenn unsere Antwort in Glaube und Selbstpreisgabe besteht, werden wir letztlich frei. Nur diese Antwort befreit uns von der Sorge um Vergangenes und von der Angst um die Zukunft. Sie befreit uns davon, unsere Wunden zu lecken und Rache zu fordern. Sie befreit uns dazu, die Wirklichkeit zu sehen wie sie ist, anstatt sie im Zerrspiegel unserer Schmerzen zu betrachten. Sie befreit uns dazu, jeden Augenblick bewußt zu erleben. Dies ist die wahre geistliche Befreiung; und sie ereignet sich tatsächlich oft nur durch Leiden hindurch, dadurch, daß dir alles genommen wird, wovon du abhängig warst. Wir werden von der Angst in dem Maße erlöst, wie wir von unserer Ich-Verwirklichung erlöst werden.

148

Wenn dir all das weggenommen wird, was du immer zu brauchen meintest, kommst du endlich in die Lage, ohne das alles dennoch glücklich zu sein. Wenn nur Gott dir bleibt, merkst du, daß nur Gott es ist, den du brauchst. Aber das kann man sich nicht durch Predigten oder Bücher aneignen, das lernt man nur durch Erfahrung.

In Kapitel 38, mitten in dem Durcheinander seines Lebens, hört Ijob endlich Gottes Stimme. Ijobs Herz ist verstört und verwirrt von den Schlägen, die das Leben ihm versetzt hat. Sein Kopf brummt ihm von den vielen Ratschlägen, die man ihm erteilt hat. Aber mitten in all diesem Wirrwar erlebt Ijob Gott; direkt aus dem Sturm redet Gott endlich mit ihm.

Was Ijob hört, ist nicht tröstlich. Zumindest wirkt es auf niemanden sonderlich tröstlich, der diese Erfahrung nicht selbst gemacht hat:

Wo warst du, als ich die Erde gegründet? Sag es denn, wenn du Bescheid weißt. Wer setzte ihre Maße? Du weißt es ja. Wer hat die Meßschnur über dir gespannt? ... Hast du je in deinem Leben dem Morgen geboten, dem Frührot seinen Ort bestimmt? ... Wo ist der Weg zur Wohnstatt des Lichts? Die Finsternis, wo hat sie ihren Ort? ... Bist du zu den Kammern des Schnees gekommen, hast du die Kammern des Hagels gesehen? ... Wer grub der Regenflut eine Rinne, einen Weg für das Donnergewölk? ... Erhebst du zu den Wolken deine Stimme, daß dich die Woge des Wassers bedeckt? Entsendest du die Blitze, daß sie eilen und dir sagen: „Wir sind da!"? (Ijob 38 in Auswahl)

In diesem Stil fährt Gott fort mit seiner Beschreibung der guten Schöpfung. Ijob wird wie vom Blitz von der Einsicht getroffen, daß seine eigene Weisheit den Vergleich mit der Weisheit Gottes nicht aushält. So sagt er:

Siehe, ich bin zu gering. Was kann ich dir erwidern? Ich lege meine Hand auf meinen Mund. Einmal habe ich geredet, ich tu es nicht wieder; ein zweites Mal, doch nun nicht mehr (Ijob 40, 4–5).

Dann erinnert Gott den Ijob daran, daß tatsächlich alles in seiner (Gottes) Macht liegt, nicht nur das Gute, sondern auch das Böse in der Welt. Auch wenn die Schlechtigkeit übergroß ist, auch wenn Menschen unfähig sind, das alles zu fassen, versteht Gott, was vor sich geht.

Letztlich sagt Gott zu Ijob: „Ich bin Gott, und du bist nur ein Mensch. Das ist meine Antwort." Und das ist die einzige Antwort, die er von Gott bekommt. „Ich bin Gott, und du bist Mensch. Wer bist du, daß du behaupten kannst, ich sei lieblos?" Das ist die Einsicht des Glaubens. Diese Einsicht entspringt der überwältigenden Erfahrung der Güte Gottes. Sie wird durch die Erfahrung von Leiden und Verlust gereinigt und geläutert, bis nichts mehr übrig ist als die Wahrnehmung, daß uns Gottes Liebe auch dann noch umgibt, wenn wir splitternackt dastehen.

Da beugt Ijob das Haupt vor dem Mysterium Gottes:

Ich hab' erkannt, daß du alles vermagst; kein Vorhaben ist dir verwehrt. Wer ist es, der ohne Einsicht den Rat verdunkelt? So habe ich denn im Unverstand geredet über Dinge, die zu wunderbar für mich und unbegreiflich sind. Hör doch, ich will nun reden, ich will dich fragen, du belehre mich! Vom Hörensagen nur hatte ich von dir vernommen; jetzt aber hat mein Auge dich geschaut. Darum widerrufe ich und atme auf, in Staub und Asche (Ijob 42, 2–6).

Was macht Ijob jetzt? Er erlaubt Gott, Gott zu sein. Gott ist der ganz Andere, der ganz Jenseitige. Seine unendliche Weisheit übersteigt die Grenzen unseres Verstandes.

Wenn wir dieses Verhältnis akzeptieren können, ist das unsere Erlösung. Es geht dabei um alles andere als sklavische Unterwürfigkeit. Indem wir dieses Verhältnis annehmen, gelangen wir vielmehr zum Heil-Sein und erfahren unsere eigene Heiligkeit. Wenn wir diese Beziehung mit Gott aufnehmen, entdecken wir, daß wir keine Fremdlinge im Paradies mehr sind, denn wir erleben, wie wir mit dem Gott, der uns liebt, als Freunde durch den Garten gehen. In dieser Beziehung bleibt Gott Gott, und wir bleiben wir. Trotzdem ist es kein abstraktes Verhältnis. Es handelt sich um eine echte, persönliche und spürbare Beziehung. Indem wir diese Beziehung erleben, entdecken wir den Sinn unseres Daseins.

Victor Frankl berichtet in seinem Buch „Die Suche nach dem Sinn", daß viele Juden in Nazi-Konzentrationslagern die Schrecken ihrer Lage dadurch überlebt haben, daß sie einen Sinn gefunden haben, der ihr Leben lebenswert gemacht hat – trotz der physischen und psychischen Folter, die sie durchmachen mußten. In den meisten Fällen fanden diese Menschen dadurch Sinn, daß sie wußten, daß es jemanden gibt, der sie liebt. Das Festhalten an diesen Liebesbeziehungen hielt sie vom Selbstmord ab; es gab ihnen einen Grund zum Leben, es gab ihnen Ziel, Orientierung, Hoffnung und Sehnsucht, um trotz ihrer Not durchzuhalten. Frankl entdeckte im 20. Jahrhundert genau das, was der Autor des Ijobbuches bereits 25 Jahrhunderte früher entdeckt hatte: die Erfahrung geliebt zu sein rettet uns vor dem Zusammenbruch, auch wenn die ganze Welt um uns herum einstürzt.

Die eigentliche Aussage des Ijobbuches besteht darin, daß Gott auf das Problem des Leidens keine Antwort gibt, daß er uns aber inmitten des Leidens Sinn schenkt. Logik und Vernunft finden keine Antwort auf das Mysterium des Bösen. Nichts kann letztlich erklären, weshalb einige Menschen mehr leiden müssen als andere, und weshalb

gute Menschen mitunter mehr Schmerzen und Härten er-
tragen müssen, als es recht und billig erscheint. Der
größte Teil des Ijobbuches besteht darin, Patentlösungen
und oberflächliche Antworten auseinanderzunehmen, die
allzuoft als Erklärungen für diese Probleme angeboten
werden. Am Ende sagt dieses Buch, daß Gott keine *Antworten* gibt, sondern *Sinn* – und daß darin unsere Kraft
liegt.

Ijob akzeptiert die Wahrheit und beugt sich vor dem
Geheimnis. Er „tut Buße", das heißt: in seinem Denken
und Fühlen vollzieht sich eine Wende: weg vom selbst-
mitleidigen Jammern über seinen Verlust und hin zur
konzentrierten Wahrnehmung dessen, was er trotz allem
ist – ein Kind Gottes. In der Wahrnehmung seines *Kind-
seins* erlebt er den Sinn seines *Daseins*; sein Leben bekommt Sinn. Im Licht dieser Entdeckung tritt alles andere
in den Hintergrund. Er ist von Selbstbezogenheit und
Selbstrechtfertigung befreit; er kann sein Menschsein annehmen, und zwar in all seiner Gebrochenheit und Ge-
brechlichkeit. Gott allein ist gut. Alles, was wir haben, ist
Geschenk: „Der Herr hat gegeben, der Herr hat genommen." Sobald Ijob durch seine Gottesbeziehung weiß, wer
er ist, kann er durchhalten. Sein Leben hat Sinn.

Wenn wir das begreifen, dann ist das so, als ob wir all
das erstattet bekommen, was wir schon verloren glaubten.
In der Ijobgeschichte wird das dadurch symbolisiert, daß
Gott dem Ijob alles wieder schenkt, was er anfangs hatte –
und mehr. Die poetische Geschichte findet ein poetisches
Ende.

Die Poesie der Bibel ist in mancher Hinsicht näher am
Leben als die Abstraktionen der Theologie. Theologen
stellen Spekulationen an über das Wesen des Bösen und
gelangen sogar bisweilen zu eindrucksvollen intellektuellen Lösungen. Aber irgendwie erreichen uns diese Antworten nicht, wenn wir „drinstecken" in Trauer und Leid;

sie lindern den Schmerz des Lebens kaum. Man kann sie aufschreiben und anderen beibringen, aber sie führen nur selten zu Umkehr und zur inneren Wende. Vielleicht hängt das damit zusammen, daß wir *zu leicht* zu diesen Antworten gelangt sind. Wir brauchen nur den Kopf, um sie zu begreifen.

Ijobs Antwort kam nicht auf diese Weise zustande. Er hatte sich durch seine Trauer und seinen Schmerz hindurchkämpfen müssen, um mitten im Chaos seines Lebens eine tragfähige Antwort zu finden. Er mußte mitten im Sturm den lebendigen Gott finden. Er suchte und fand durch eine persönliche Gottesbeziehung eine persönliche Antwort. Jeder und jede von uns muß in den Leiden, die wir selbst durchmachen, zu solch einer Beziehung finden, sei es durch berufliche Erfahrungen des Versagens, durch den Verlust von Heimat und Geborgenheit, durch den Tod eines lieben Menschen, durch Ablehnung seitens der Eltern oder Kinder, durch das Scheitern einer Ehe, durch Ungerechtigkeiten von Behörden und Institutionen, durch soziale Gewalt oder was auch immer. Unser persönliches Leiden kann viele Ursachen haben. Wenn wir aber die lebendige und befreiende Antwort finden, die uns inmitten des Leidens Sinn schenkt, dann merken wir, daß sie immer eine zutiefst persönliche Antwort ist.

Diese Art von Antwort kann man nicht immer mit Worten ausdrücken; sie läßt sich nicht theoretisch von Lehrer zu Schüler weitergeben und läßt sich oft nicht einmal unseren engsten Angehörigen mitteilen. Aber es ist eine Antwort, die du selber kennst. Es handelt sich um eine tiefe und unerschütterliche Überzeugung. In ihr findest du die Sicherheit, die dir erlaubt, ungesichert zu sein. Niemand kann sie dir geben; niemand kann sie dir nehmen. Sie ist Geschenk. Und sie ereignet sich im Herzen des Menschen, der Gott entdeckt und ihm vertraut.

Sechstes Kapitel

Heilsgeschichte –
Evolution des Glaubens

In diesem Kapitel wollen wir einen Blick auf das gesamte Alte Testament werfen und versuchen, es aus einer durchgängigen Perspektive zu betrachten, nämlich als Geschichte des Heils – als Heilsgeschichte.

Man kann auch von Christen mitunter hören, daß der Gott des Alten Testaments und der Gott des Neuen Testaments wie zwei völlig unterschiedliche Wesen wirken: einerseits ein Gott des Zorns – andererseits ein Gott der Liebe. Wie wir aber in den ersten fünf Kapiteln dieses Buches gezeigt haben, war Jahwe von Anfang an ein Gott der Liebe und Treue. Er schuf ein Volk und führte es in eine Zukunft, die nur er diesem Volk schenken konnte.

Im Rückblick vom Neuen Testament her können wir sehen, daß Gottes Absicht darin bestand, ein Volk zu schaffen, das schließlich in der Lage sein würde, ja zu sagen zu ihm. Maria sagte ja zu Gott, und Gott ging in ihr Leben ein und sogar in ihren Leib, als sie Jesus empfing. Jesus war vom ersten Augenblick seiner Existenz an Ausdruck und Folge des uneingeschränkten Ja-Wortes, zu dem Maria gefunden hatte. Wie die Mutter war auch der Sohn vorbehaltlos offen für den Vater und durchdrungen von seiner Gegenwart.

Der Hebräerbrief sieht im elften Kapitel die Entwicklung innerhalb des Alten Testaments im nachhinein als *Glaubensgeschichte*, als Geschichte von Menschen, die auf das hofften, was sie noch nicht sehen konnten, die aber vertrauensvoll der Führung Gottes folgten – in der

Gewißheit, daß ihre Hoffnungen sich schließlich erfüllen würden. Das Kapitel ist zu lang, um hier vollständig zitiert zu werden, aber wir können es im wesentlichen so zusammenfassen:

Unsere Vorfahren waren für ihren Glauben berühmt. Kain und Abel brachten beide Gott Opfer dar, aber Abels Opfer wurde angenommen, weil es im Glauben dargebracht wurde. Henoch vertraute so sehr auf Gott, daß er nicht sterben mußte, sondern direkt in den Himmel aufgenommen wurde.

Noachs Glaube an das, was Gott ihm über die künftige Flut sagte, rettete ihm und den Seinen das Leben, obwohl ihre Nachbarn sie für dumme Narren hielten, als sie die Arche bauten. Der Ruf des Glaubens führte Abraham aus seiner Heimat und in das Land, das Gott seinen Nachkommen versprach. Saras Glaube machte sie fähig, einen Sohn zu bekommen, obwohl sie das Alter des Kinderkriegens längst überschritten hatte. Abrahams Glaube wurde geprüft, als von ihm gefordert wurde, Isaak, seinen einzigen Sohn, zu opfern. Auch Isaak war ein Mann des Glaubens, ebenso wie sein Sohn Jakob und Jakobs Sohn Joseph.

All diese Vorfahren starben im Glauben an das, was Gott Abraham versprochen hatte – ohne die Erfüllung dieser Verheißung erlebt zu haben. Aber sie lebten im Glauben und hielten vertrauensvoll daran fest, daß der Herr sie in eine Heimat führen würde. Heute wissen wir, daß er sie in Wahrheit zu sich selbst führte.

Mose hätte am Hof des Pharao ein bequemes Leben gehabt, aber statt dessen wählte er im Glauben den Weg, solidarisch mit seinem Volk zu leiden. Er hörte Gottes Ruf, die Israeliten aus der Sklaverei zu befreien. Als er sie aus Ägypten und durch die Wüste führte, war es sein Glaube an Gott, der ihn leitete. Durch den Glauben an Gott brachten die Israeliten die Mauern von Jericho zum Einsturz, durch den Glauben nahmen sie schließlich das verheißene Land in Besitz.

Ähnliches könnte über Gideon, Simson, Samuel, David und die Propheten erzählt werden. Es war ihr Glaube an Gott, der sie befähigte, ihre Feinde zu besiegen, ihr Reich zu festigen und sogar Wunder zu tun.

Aber was ist der Zielpunkt dieser ganzen Geschichte? Der Autor des Hebräerbriefes sagt es ganz klar:

Schaut auf Jesus, den Anfänger und Vollender unseres Glaubens. Um der Freude willen, die ihm bevorstand, war er bereit, den schändlichen Tod am Kreuz zu erleiden. Jetzt sitzt er auf dem Ehrenplatz zur rechten Hand des Thrones Gottes (Hebräer 12, 2).

Der Hebräerbrief sagt damit: In der Person und im Leben Jesu gelangen die vorhergehenden 2000 Jahre zur Erfüllung. All die *geschriebenen Worte* des Alten Testaments führen direkt zur *Fleischwerdung des Wortes* in Christus.

Wenn wir die göttliche Offenbarung betrachten, dann sieht es auf den ersten Blick so aus, als ob sie sich im Laufe der 2000 Jahre verändert oder weiterentwickelt hätte. Aber wenn Gott ein Gott verläßlicher Liebe ist, dann ist es nicht Gott, der sich verändert hat, sondern wir sind es, die sich verändern. Gott entwickelt sich nicht – es sei denn in unserer Wahrnehmung; die Erfahrung, die Menschen mit Gott machen, entwickelt sich ebenso wie ihre Fähigkeit, diese Erfahrung zu deuten. Sie wächst und vertieft sich mit jeder neuen Generation, wenn sich die Menschen auf tiefere Ebenen der Verbindlichkeit einlassen und dadurch ihr Horizont sich weitet. *Evolutionärer Glaube*, ein Glaube, der sich entwickelt, meint wachsendes Vertrauen verbunden mit wachsender Einsicht in das, was einen

Lebensweg zum Glaubensweg macht. In diesem Sinne sprechen wir auch von einer „Lehrentwicklung".

Die Geschichte der Errettung Israels veranschaulicht das. Sie ist ja der erste Teil der christlichen Heilsgeschichte. Beispiele für denselben Vorgang finden sich im Leben einzelner Menschen und in der Erfahrung von Gemeinschaften, die im Glauben wachsen. Das Wachstumsmuster des Glaubens Israels ist das gleiche Muster, das menschlichen Glauben zu allen Zeiten der Geschichte und überall in der Welt bestimmt. Es gibt ein universales Muster des *Glaubenswachstums.*

Wenn ich von „evolutionärem Glauben" rede, ist das keine Theorie, die man übernehmen kann oder auch nicht. Es ist vielmehr etwas, was sich im eigenen Leben *als wahr* erweist, allerdings immer nur im Rückblick! Nur von dem Aussichtsturm aus, an den man schließlich gelangt ist, kann man auf den Weg zurückblicken, den man gegangen ist, kann man entdecken, das Gott einen von Anfang an geführt hat und daß die gesamte Lebensgeschichte ein Weg des Glaubens war. Menschen, die niemals auf Gott vertraut haben oder die erst am Anfang eines Glaubenslebens stehen, können das nicht sehen, weil sie es noch nicht erfahren haben. Aber Menschen, die das erfahren haben, kommen schließlich an den Punkt, an dem sie beginnen, es zu verstehen, an dem sie sehen, wie Gott sie von ihrem Ausgangspunkt dorthin geführt hat, wo sie schließlich angelangt sind.

Wenn sie auf ihre Anfänge zurückblicken, können Menschen des Glaubens das Außergewöhnliche mitten im Gewöhnlichen wahrnehmen. Sie beginnen, Gottes Handeln in ihrem Leben zu entdecken, ganz ähnlich wie die Israeliten im Rückblick Gottes Handeln in ihrer Geschichte begriffen haben. Aber am Anfang sieht alles so gewöhnlich aus. Als Franziskus damit begann, Steine für die Erneuerung einer Kirche zusammenzubetteln, wußte er nicht, daß Gott ihn zum Erneuerer der mittelalterlichen Kirche machen würde. Als Benedikt oder Ignatius oder Dorothy Day oder Martin Luther King sich auf den Weg machten, wußten sie alle nicht, wohin sie geführt werden würden. Vielleicht waren sie sich nicht einmal sicher, daß Gott sie ausersehen hatte, Orden zu gründen oder Bewegungen in Gang zu bringen. Und ganz bestimmt gab es im Laufe ihres Weges dunkle Perioden, in denen sie nicht wußten, wohin sie gingen. Erst später, als sie auf ihr Leben zurückblickten, sahen sie ihren Weg in hellem Licht, verstanden sie, daß Gott von Anfang an dabei gewesen war und sie fortwährend geführt hatte.

Vielleicht geht es dir so wie mir: Jeder Tag meines Lebens sieht so einförmig gewöhnlich aus. Was sollte daran „wichtig" oder „bedeutend" sein? Aber wenn wir auf ein ganzes Jahr zurückblicken oder auf die letzten drei, zehn oder zwanzig Jahre, sehen wir oft einen Sinn, einen roten Faden, der uns zunächst entgangen war. Wir begreifen die Bedeutung dieser „unbedeutenden" Tage. Sinnlosigkeit verwandelt sich in Sinn. Unsere Vergangenheit ist im Licht des gegenwärtigen Heils erlöst. Das meinen wir, wenn wir von Gottes Treue und Güte reden: Er rettet uns immer wieder trotz unserer selbst und sogar, wenn wir es gar nicht bemerken. Wenn wir es endlich begreifen, dann sehen wir mit den Augen des Glaubens das, was wir vorher nicht sehen konnten. Wir wurden von Anfang an beschenkt, und Gottes Gnade war die ganze Zeit bei uns.

Sobald wir begreifen, was der Weg des Glaubens ist, können wir vier Stadien oder Phasen unterscheiden, in denen sich der Glaube entfaltet:

Im ersten Stadium beginnen Menschen, Gott und seine Liebe als Realität zu erfahren. Vorher war Gott für sie sehr oft nur ein Name oder ein Konzept, aber dann entdecken sie plötzlich, daß Gott in ihrem Leben vorkommt; Gott wird für sie zur *Wirklichkeit*. Allerdings tendieren Menschen in dieser Phase dazu, zu meinen, Gottes Liebe sei auf sie selbst beschränkt oder auf einige wenige – zum Beispiel auf ein „auserwähltes Volk" oder auf die „eine wahre Kirche".

Im zweiten Stadium beginnen Menschen, auf Gottes Liebe zu reagieren. Aber nun meinen sie, Gottes Liebe sei von dieser ihrer Reaktion abhängig. Sie glauben, die Gnade sei ein Geschenk, das an Bedingungen geknüpft wäre, Gott liebe sie nur, wenn sie gut seien, Gott rettete sie nur, wenn sie die Gebote hielten. Sie halten Gottes Bund für eine beiderseitige Abmachung darüber, daß Gott ihnen gnädig ist, wenn sie es wert sind, und daß sie belohnt werden, wenn sie es verdienen.

Im dritten Stadium beginnen Menschen zu begreifen, daß Gottes Liebe grenzenlos und bedingungslos ist. Sie erkennen, daß Gott sie liebt, ob sie gut sind oder böse, und daß er Gerechten wie Ungerechten gleichermaßen gnädig ist. Aber sie denken, Gott täte das aus der Ferne, von einem abstrakten Himmel aus, der irgendwo weit draußen ist. Sie sehen noch nicht, wie eingebunden sie selbst in diesen Prozeß sind.

Schließlich bricht im vierten Stadium die Einsicht durch, daß sich Gottes Liebe und Gnade im Leben und in zwischenmenschlichen Beziehungen verwirklicht. Sie begreifen das zunächst anhand der Fleischwerdung des Wortes Gottes in Christus, aber dann geht ihnen auf, daß Gott auf dieselbe Weise durch sie wirkt! Wir erfahren Gottes Liebe, die in uns wirkt, uns selbst und andere liebt und sich *durch uns* der Welt zuwendet. Aber gleichzeitig wissen wir, daß es immer Gott ist, der liebt, daß es Gott ist, der rettet; wir lassen zu, daß wir „Kanäle" der Liebe Gottes in der Welt sind. Wir lassen uns darauf ein.

Drei dieser vier Stadien kann man bereits im Alten Testament entdecken; das vierte Stadium entfaltet sich erst im Neuen Testament ganz. Am Ende der jüdischen Offenbarung wußten die Israeliten, daß sie ein auserwähltes Volk sind, daß Gott einen Bund mit ihnen geschlossen hatte, in dessen Rahmen sie leben sollten, und einige der Propheten machten erste Andeutungen, daß Gottes Heil über dies alles weit hinausgeht. Aber erst im Neuen Testament kommt es zum endgültigen Durchbruch, als die gute Nachricht nicht nur Juden, sondern auch Heiden gepredigt wird und als die Kirche die Grenzen Palästinas hinter sich läßt. Christlicher Glaube im eigentlichen Sinn ist Glaube in diesem vierten Stadium: ein universaler, wahrhaft „katholischer" Glaube, der die Grenzen von Nationalitäten und Kulturen überschreitet. Gleichzeitig bleibt er *persönlicher*, fleischgewordener Glaube, der sich im individuellen Leben aller, die Christus nachfolgen, verwirklicht.

Wenn wir auf die Vergangenheit des Christentums zurückblicken, wird deutlich, daß die Institution Kirche den Glauben weitgehend im zweiten oder gar im ersten Stadium gepredigt und gelebt hat. Eine Moral, die mit Lohn und Strafe operiert, und ein ethisches System, das die Einhaltung bestimmter Gebote zur Voraussetzung für die ewige Seligkeit macht, ist Glaube im zweiten Entwicklungsstadium. Exklusive Religiosität, die das Heil auf die Kirchenmitglieder begrenzt und es denen verweigert, die außerhalb stehen, ist Glaube im ersten Entwicklungsstadium. Häufig hat die Kirche die viel weiter führenden Aussagen des Neuen Testaments ignoriert und eine alttestamentliche Weise des Glaubens gepflegt. Und leider gehört das nicht nur der Vergangenheit an.

Wir wollen abschließend jedes dieser Stadien bzw. jede dieser Phasen des Glaubens etwas genauer unter die Lupe nehmen.

Exklusiver Glaube

Wenn wir an den Anfang zurückkehren, sehen wir dort, wie Abraham und seine Nachkommen, die „Kinder Israels", die in Ägypten versklavt waren, mit ihrem Glauben auf Gottes Ruf reagiert haben, ihm zu vertrauen. Sie spürten, daß sie erwählt waren, sie vertrauten Gottes Führung, und sie erlebten Gottes Handeln in ihrem Leben. Die positive bzw. die „Wachstumsseite" dieses Glaubensstadiums besteht in der Erfahrung, daß Gott sich den Menschen offenbart – und in der menschlichen Antwort, die dieser Selbstoffenbarung Gottes Vertrauen schenkt. Aber dieses Glaubensstadium hat auch eine Schattenseite, die einengt: Die Israeliten meinten, Gottes Liebe sei auf sie allein beschränkt; sie dachten Gott hätte sie erwählt und alle anderen verworfen.

Solch exklusives Denken führt zu einer Form von Religion, die man als „ethnozentrisch" (volkszentriert) bezeichnet hat. Sie wird von einer Einstellung getragen, die sich als „Sie-gegen-uns-Mentalität" oder als die Unterscheidung von „Insidern" und „Outsidern" äußert. Diese Religion beschränkt sich auf die „Insider", auf die Erwählten, die wenigen Ausgesonderten, die die Wahrheit kennen und gerettet werden. Ausgeschlossen bleiben alle „Outsider", die Heiden, die Völker, die Gott nicht kennen und deshalb verloren sind. Dieser religiöse Ansatz führt früher oder später zwangsläufig zur Selbstgerechtigkeit anstatt zu wirklichem Glauben.

Für Menschen mit einem exklusiven Glaubensverständnis ist die höchste Tugend Loyalität. Sie sind den Führern ihrer eigenen Religion gegenüber loyal, kümmern sich aber kaum um das, was außerhalb der Schar der Erwählten vor sich geht. Sie versuchen sich rein zu halten, indem sie sich von Gruppen mit anderen religiösen Ansichten absondern. Jeder andere Glaube ist für sie „falsch", und fremde Götter erleben sie als bedrohlich. Sie klammern sich an die Symbole, die sie selbst als die Erwählten qualifizieren, und lehnen es ab, sich durch Kontakt mit Ideen und Praktiken verseuchen zu lassen, die von den eigenen abweichen.

Dieser Glaubensstil herrscht in der Religiosität kleiner Kinder vor. In der Regel ist für sie das „wahr", was Papa und Mama ihnen beibringen; sie können sich noch nicht mit den Ansichten anderer auseinandersetzen; deshalb sperrt sich ihr Bewußtsein gegen alles, was „anders" ist. Die Loyalität zu den Werten der Eltern (und zur Religion ihrer Kirche) ist absolut. Obwohl sie in ihrer kindlichen Naivität noch gar keine Angst vor fremden Wertesystemen haben, können sie mit so etwas einfach noch nicht umgehen und beschäftigen sich deshalb gar nicht damit.

In der christlichen Religionsgeschichte müssen wir gar nicht allzu weit zurückgehen, um diese Mentalität in der Kirche oder sogar in uns selbst als erwachsenen Menschen wiederzufinden. Bis vor relativ kurzer Zeit schien die Treue zu Gott weniger wichtig zu sein, als die Loyalität gegenüber unserer Gruppe – der Kirche, der Pfarrei, unserer Ordensgemeinschaft etc. Ich habe noch Sätze im Ohr wie: „Das glaubt man halt als *guter Katholik*" oder „Das gehört sich eben für einen *guten Franziskaner.*" Und allzuoft war das schon alles. Wir haben das Katholischsein gepredigt (manchmal sogar nur eine nationalistische Version davon) oder eine bestimmte Spiritualität hochgehalten – anstatt Christus zu verkündigen.

Aus dem Blickwinkel späterer Glaubensstadien können wir sehen, wie einschränkend diese religiöse Mentalität ist. Es ist, als ob sich die Menschen in dieser Phase weigern, den Ruf Gottes klar und deutlich zu vernehmen, weil sie das „überfordern" würde. Die Einladung, sich auf eine tiefe und existentielle Beziehung mit Gott einzulassen, erfordert andauerndes Hören, Zurücknehmen des

Egos und Hingabe an den Herrn. Deshalb verharren viele Menschen in diesem ersten Stadium (oder ziehen sich auf dieses Stadium zurück, wie es die Israeliten so oft getan haben) und gehen davon aus, daß Gott von ihnen nichts erwartet als Loyalität zu den „Insidern". Es macht die Dinge viel einfacher, wenn wir meinen, Gott will von uns nur, daß wir das machen, was alle anderen auch machen. Konformismus ist einfacher als Gottvertrauen.

Die „Wir-hier-und-dort-die-Anderen-Mentalität" führt automatisch zu der Ansicht, daß „die da" – nachdem wir die Erwählten sind – nicht erwählt sein können. Deshalb glauben wir, wir hätten ein Recht, den zu hassen oder sogar zu vernichten, von dem wir meinen, daß Gott ihn nicht liebt. Wenn wir die Bibel lesen, sehen wir, daß die primitive Moral, die mit diesem religiösen Glaubensstadium verbunden ist, es einst gerechtfertigt hat, daß die Israeliten diejenigen abschlachteten, die nicht so waren wie sie. Unserer Kenntnis der Kirchengeschichte können wir entnehmen, wie diese Art von Primitivmoral die Kirche im Mittelalter zu der Ansicht verführte, es sei gerechtfertigt, Ketzer zu foltern und zu verbrennen, oder Gott billige es, daß man auf Kreuzzügen Tausende von „Ungläubigen" abschlachtet. Vergleiche dazu lassen sich auch in neuerer Zeit leicht finden.

Es handelt sich dabei, wie wir jetzt sehen können, um einen kindlichen Glauben und um eine primitive Moral. Es war ein Anfang, aber es war und ist wirklich nur ein Anfang. Es ist zwar besser als gar kein Glaube und gar keine Moral, aber es ist nicht gut, selbstgefällig an diesem Punkt klebenzubleiben. Es ist besser, genauer hinzuhören und Gottes Ruf zu einer tieferen Ebene des Glaubens und zu einer höheren Stufe der Moral zu vernehmen.

Bundesglaube

Als die Israeliten Mose in die Wüste folgten und dabei dem Gott vertrauten, der sie aus der Sklaverei in Ägypten befreit hatte, wußten sie, daß sie geliebt und ein erwähltes Volk waren. Sie wanderten in den Glaubensspuren ihres Stammvaters Abraham; auch sie glaubten an Jahwes Erwählung. Aber Gott wollte sie zu einem tieferen Glauben führen. Am Berg Sinai, in der Wüste, antworteten die Israeliten auf diesen Ruf und ließen sich auf einen Bund mit Gott sein.

Wiederum können wir aus einer späteren Perspektive sehen, daß Gott mehr von ihnen wollte als solch einen Bundesglauben, aber zu mehr waren sie zum damaligen Zeitpunkt nicht fähig, und Gott war in seiner Barmherzigkeit bereit, sie so zu nehmen, wie sie damals waren. Gottes Liebe zu Israel war niemals weniger als unendlich groß, die Israeliten aber waren noch nicht fähig und willens, das zu hören. Deshalb verstanden sie es so, als ob ihnen Gottes Liebe im vertraglichen Rahmen eines Tauschhandels angeboten würde. Gottes Liebe zu ihnen war immer bedingungslos, aber sie konnten sie nur als etwas Bedingtes verstehen. Wenn sie ihre Seite der Abmachung erfüllen und den Geboten gehorchen würden, die Jahwe dem Mose gegeben hatte, würde Jahwe sie beschützen und sicher ins Gelobte Land geleiten. Das war die Abmachung oder zumindest das, was die Israeliten dafür hielten.

Wenn du diese Art von Glauben hast, gehst du davon aus, daß eine Art Abkommen besteht, daß Gott das Seine tun wird, wenn du selbst das Deine tust. Gott erlöst dich, wenn du den Geboten gehorchst; wenn nicht, wird er dich bestrafen. Wie du mir, so ich dir. Wenn du gut bist, hat dich Gott lieb; wenn du böse bist, dann nicht. Du meinst, es gibt eine Möglichkeit, Gottes Liebe zu verdienen und den himmlischen Lohn zu erarbeiten. Du hältst dich an die vorgeschriebene Moral, um genügend Pluspunkte zu sammeln und um Punkteabzug zu vermeiden, damit du „in den Himmel" kommst, wenn du einmal stirbst. Punkte machst du, wenn du dich an die vorgeschriebenen Regeln hältst; Abzug gibt es, wenn du die Regeln brichst und Sünden begehst.

Diese Art zu glauben, kann sehr individualistisch und egozentrisch sein. In der Vergangenheit war unter Christen viel davon die Rede, wie man „in den Himmel kommt". Priester hielten es für ihre vornehmste Aufgabe, den Menschen dabei zu helfen, ihre Seele zu retten. Und wodurch konnten Menschen ihre Seele retten und Zugang zum Himmel erlangen? Indem sie die Gebote hielten, die Vorschriften beachteten und nach Vollkommenheit strebten.

Katholische Christen sind für diese Haltung besonders anfällig gewesen. Als ich im Noviziat der Franziskaner war, habe ich mich irrsinnig angestrengt, um durch ständige Vervollkommnung meine Seele zu retten. In den Augen meiner Oberen war ich der Muster-Novize. Ich gehorchte allen Vorschriften bis aufs i-Tüpfelchen. Ich kam nie zu spät zum Essen. Ich kam nie zu spät zum Gebet. Ich stand auf, wenn ich aufstehen sollte, und kniete nieder, wenn ich niederknien sollte. Wenn ich mich verbeugen mußte, tat ich es haargenau so, wie uns das beigebracht worden war. Solch ein perfekter Seminarist zu sein, vermittelte mir das befriedigende Gefühl, das Meine getan zu haben. Das Wissen, daß ich die Gesetze einhielt, gab mir das Gefühl, zu den Gerechten zu gehören.

Aber heute kann ich erkennen, daß damals im Zentrum meiner Aufmerksamkeit ich selbst stand. Es war keine Hingabe an Gott. Ich war damit beschäftigt, mein Seelenheil zu erarbeiten. Ich hatte noch nicht gelernt, mich von Gott erlösen zu lassen. Ich hatte noch nicht einmal die Grundbedeutung des Namens Jesus begriffen. Jesus bedeutet: „Jahwe rettet". Aber ich versuchte, meine Seele selbst zu retten! Viele von uns Ordensleuten haben sich diese Fehlhaltung zuschulden kommen lassen und sind in dieser Phase des Glaubens steckengeblieben[1].

Offenkundig ist die Haupttugend dieses Stadiums der Gehorsam: Gehorsam gegenüber Geboten, Regeln und religiösen Vorgesetzten. Im Alten Testament zeigt sich das unter anderem darin, wie produktiv das vorchristliche Judentum bei der Formulierung von Geboten war. Wir Christen denken in der Regel nur an Zehn Gebote; aber die Schriftgelehrten zur Zeit Jesu zählten die Gebote und Verbote der Bibel zusammen und kamen auf ganze 613! Die Pharisäer glaubten, sie müßten all diese Gesetze bis aufs Jota erfüllen, um vollkommen zu werden. So dachte auch ich damals als Novize, ich würde dadurch zur Vollkommenheit gelangen, daß ich jeder noch so unbedeutenden Anordnung Folge leistete.

Viele pflegen diese Mentalität bis heute. Sie glauben, um ein guter Christ zu sein, müsse man alle Gebote Gottes, alle Gesetze der Kirche und alle Anweisungen des Pfarrers befolgen. Das nenne ich Gehorsamsreligion. Es ist die Religion der Pharisäer. Gebet, Kampf und Gnade sind dabei eigentlich völlig überflüssig.

Und doch ist diese Form von Religion nicht nur schlecht. Im Rückblick muß ich zugeben, daß ich während jener Entwicklungsphase viel gelernt habe und ein gutes Stück gewachsen bin. Jedes Kind durchläuft wäh-

---

[1] *Anmerkung des Übersetzers:* Martin Luthers innere Kämpfe im Kloster lassen sich ebenfalls als Ausdruck des „zweiten Stadiums" verstehen. Luther ringt um einen „gnädigen Gott" und scheitert an Gottes Gerechtigkeit, die ihn bestrafen muß, da er trotz aller Anstrengungen unvollkommen bleibt. Luther erkennt zudem, wie egozentrisch dieser „Glaube" ist. Diese Selbstbezogenheit empfindet er als zusätzliches Gewicht in der „Minus-Schale", was ihn schließlich zur Verzweiflung treibt.

rend seiner seelischen und religiösen Entwicklung dieses Stadium. In einer bestimmten Phase achten Kinder peinlich genau auf die Einhaltung der Regeln; sie lieben ihre Kinderspiele und haben Freude daran, wenn die Spielregeln von allen befolgt werden. Wenn andere gegen die Regeln verstoßen, können Kinder beleidigt oder sogar wütend reagieren; sie wissen nicht, wie sie mit solchen Verstößen sonst umgehen sollen.

Religion in diesem Stadium ist eine Sache von Regeln, die man lernen und denen man folgen muß. Es ist offenkundig, daß das Leben für alle Beteiligten chaotisch, orientierungslos und entsetzlich wäre, wenn wir uns nie die Grundregeln des Zusammenlebens angeeignet hätten, wenn wir keine Achtung vor dem Gesetz hätten und uns nicht daran hielten. Wir alle müssen dieses Stadium durchlaufen und es uns einverleiben, wenn wir jemals über dieses Stadium hinauswachsen wollen. Ich sage gerne, daß es am besten ist, wenn man konservativ *anfängt*. Aber der Glaube läßt nicht zu, daß man konservativ *bleibt*. Denn diese Art des Glaubens ist zu sehr auf Selbsterhaltung angelegt und wird dadurch leicht zu einer Art Selbstbefriedigung, die weiteres Wachstum blockiert. Glaubenswachstum muß durch den Konservativismus voranschreiten zur Befreiung von der Anpassung an die herrschenden Verhältnisse. (Das ist einer der Gründe, weshalb Jesus den Gesetzestreuen und den Reichen so heftig zugesetzt hat.)

Wenn wir über das Individuum hinausblicken auf die Gesellschaft, sehen wir, wie die Religion in diesem Stadium eine Angelegenheit von Ordnung und Ritual ist. Die Regeln sagen uns, wie wir uns verhalten müssen; wenn wir uns aber immer an die Regeln halten, wird unser Handeln ritualisiert. Es gibt große und kleine, wichtige und weniger wichtige Rituale. Es gibt die sozialen Rituale der Moral und die geistlichen Rituale der Liturgie. Wenn man die *weniger wichtigen* Regeln der Moral bricht, handelt es sich um „läßliche" Sünden; wenn man sich gegen die *bedeutenderen* Moralgesetze vergeht, handelt es sich um „Todsünden". Wenn man von *kleineren* liturgischen Vorschriften abweicht, kann das die Gültigkeit einer Liturgie nach kanonischem Recht einschränken; verletzt man wichtige gottesdienstliche Bestimmungen, kann die gesamte Liturgie kanonisch null und nichtig sein.

Solche Regeln und Rituale sind notwendig. Wir alle müssen sie uns aneignen, wenn wir in Frieden miteinander leben und in Harmonie Gottesdienst feiern wollen. Aber wenn wir in diesem Stadium zu sehr auf Regeln fixiert werden, wird unsere Moral *legalistisch* (vergesetzlicht) und unser Gottesdienst *ritualistisch*. Wir geraten in eine Sackgasse, wenn wir meinen, wir könnten das Heil durch Gesetzesgehorsam verdienen.

Wenn wir die Kirchengeschichte betrachten, ist die latente Gefahr mit Händen zu greifen, daß wir in diesem Stadium der religiösen Entwicklung steckenbleiben. Dann identifizieren wir Glauben mit moralischem Regelgehorsam und versuchen, Gnade durch rituelle Regelobservanz zu verdienen. Wer die Regeln nicht einhält oder nicht so Gottesdienst feiert wie wir, wird geächtet und exkommuniziert, so wie die Katholiken vor 450 Jahren die Protestanten ausgegrenzt haben.

Dadurch wurde die Kirche sehr provinziell und zog sich auf bestimmte Gegenden Europas zurück, anstatt die universale Kirche des Christentums zu sein. Provinzieller Katholizismus – welch Widerspruch in sich selbst! Aber selbstgerecht, wie wir waren, gaben wir diesem Provinzialismus den Vorzug. Die gleiche Selbstgerechtigkeit durchlebte ich als Individuum während meiner Seminarzeit.

Im schlimmsten Fall wird dieser Typ Religion eine Art praktisches Heidentum. Die Menschen sind dem Namen

168

nach Christen, kulturell bedingt katholisch, aber praktisch Atheisten. Sie kennen Gott nicht wirklich; sie lassen nicht zu, daß Gott sie erlöst. Sie meinen, sie müßten ihre Seele selbst retten. Sie sind in einer sich selbst genügenden Religion von Praktiken verfangen, gefesselt von ihren eigenen Ängsten und gesellschaftlichen Vorurteilen. Dabei fühlt man sich durchaus gut, dabei fühlt man sich zusammengehörig. Doch es ist nur die Illusion des Gutseins, die der sonntägliche Kirchgang, die Spende im Klingelbeutel und andere „gute Werke" wecken können. Es ist nur die Illusion der Zugehörigkeit zur rechten Kirche, die das Gefühl wecken kann, die Kinder in die richtige Schule geschickt zu haben, und zu tun, was alle machen. Diese Form von Christentum ist selbstzufrieden; diese Form von Katholizismus ist selbstbezogen. Es gilt als sicher, daß das richtig ist; und weil es so sicher ist, braucht man den Gott der Bibel nicht mehr, den Gott, der uns über uns hinaus ruft, damit wir diejenigen lieben, die anders sind als wir, damit wir uns im Spiegelbild unserer angeblichen Feinde selbst erkennen.

Das Gottesbild derjenigen, die in diesem Stadium fixiert sind, ist das Bild eines Gottes, der verurteilt und Ordnung schafft. Er ist der himmlische Polizist, der Buch führt über alles, was wir tun und sagen. Er ist ein Gott der Rache und ein Kriegsgott, der die Bestrafung der Regelbrecher rechtfertigt und der die Leiden billigt, die die „Gerechten" den „Missetätern" zufügen. Man könnte das Argument vorbringen, solch ein Gott sei besser als gar keiner. Aber aus biblischer Sicht ist er schlimmer. Es gibt nichts Schlimmeres, als wenn das Beste verdreht und korrumpiert wird. Im Vergleich zu dem Gott, der sich den Propheten gezeigt und der sich später in Jesus offenbart hat, handelt es sich hierbei um ein falsches und trügerisches Bild. Dieser Gott ist ein Götze. Der Gott, der der Herr ist, der Gott, der wirklich Gott ist, kann nur mit den Augen eines tieferen Glaubens erkannt werden.

Prophetischer Glaube

Wie wir schon in früheren Kapiteln gesehen haben, waren es die Propheten, die als erste begriffen, daß die Vorstellung, die die Israeliten von Gott hatten, viel zu begrenzt war. Wenn wir heute auf die ersten Bücher der Bibel zurückblicken, können wir erkennen, daß der Gott der nachexilischen Propheten derselbe Gott ist, der sich von Anfang an offenbart hat. Als jedoch die Hebräer ihre ersten Erfahrungen mit Gott machten und ihn dabei kennenlernten, hielten sie Jahwe für ihren exklusiven Nationalgott und meinten, die Liebe Gottes zu ihnen sei davon abhängig, daß sie die Gebote halten. Erst viel später, als das Königreich zusammengebrochen war, begriffen sie, daß der Tempelgottesdienst nicht so wichtig war wie der Gottesdienst des Herzens. Erst jetzt verstanden sie, daß Gottes Liebe nicht von ihrer Fähigkeit abhing, den Forderungen des Gesetzes gerecht zu werden.

Diese Erkenntnis – daß Gott die Guten und die Bösen gleichermaßen bedingungslos liebt und daß er über Gerechte und Ungerechte gleichermaßen regnen läßt – war der Durchbruch zu einer neuen Dimension des Glaubens. Die späteren Propheten und die Autoren der Weisheitsbücher waren die ersten, denen das klar wurde, als sie genau hinhörten, um herauszufinden, was Gott durch die furchtbaren Katastrophen sagen wollte, die das Königreich heimgesucht hatten. Sie entdeckten, daß Gott in ihrem Leiden genauso bei ihnen war wie in ihrem Triumph. Sie entdeckten, daß Gottes Liebe bei ihnen aushielt, obwohl sie gesündigt hatten und obwohl sie nicht mehr in der Lage waren, die vorgeschriebenen Rituale des formalen Tempelgottesdienstes einzuhalten.

Auch ich gelangte in dem schon erwähnten Noviziatsjahr zu dieser Erkenntnis. Es ereignete sich etwas, was mein Leben von Grund auf veränderte. Als ich eines Tages in der Kapelle betete, wurde mir klar, daß ich gerade durch meinen strengen Regelgehorsam eingebildet geworden war und die geistliche Nase über meine Mitnovizen rümpfte, die weniger vollkommen waren als ich. Es dämmerte mir, daß mein Gesetzesgehorsam dazu geführt hatte, daß ich mich selbst liebte anstatt Gott. Ich versuchte, meinen religiösen Wert unter Beweis zu stellen, so daß Gott mich würde lieben müssen, und ich versuchte, geistlich hervorzustechen, um wirklich auf Nummer Sicher zu gehen.

Plötzlich ereignete sich das, was mehr als alles andere in meinem Leben erklärt, warum ich heute der bin, der ich bin. Ohne daß ich eine Stimme vernahm, teilte mir Gott dennoch unüberhörbar mit, daß er mich genau so liebt, wie ich nun einmal bin. Er hatte mich früher mitsamt all meiner kleinen Fehler geliebt, und er liebte mich jetzt mitsamt meinem Selbstbetrug und meinem Hochmut. Ich mußte mich ihm gegenüber nicht beweisen, weil ich ohnehin nichts dazu beitragen konnte, seine unendliche Liebe zu verdienen. Er liebte mich einfach so, wie ich war, unabhängig davon, ob gut oder böse, gerecht oder ungerecht. Es war diese Liebe und nicht meine Würdigkeit, die mich zu einem Kind Gottes machte. Und weil nichts in der Lage war, seine Liebe jemals rückgängig zu machen, deshalb konnte auch nichts mein Sohnsein rückgängig machen. Ich war geliebt, das war das einzige, was zählte.

An jenem Tag begriff ich Gottes Liebe zum ersten Mal nicht nur im Kopf, sondern auch im Herzen und tief im Bauch. Mir ging etwas auf, was so wirklich war, daß ich davor in die Knie gehen mußte; ich mußte jenes Geheimnis einfach anerkennen, das mich plötzlich umgab. Es war nicht der *Gedanke* an Gottes Liebe, sondern die *Erfahrung*, daß Gott mich hier und jetzt liebt, die mich umwandelte. Ich habe diese Erfahrung später in all meiner Geschäftigkeit immer wieder aus dem Blick verloren, aber dennoch ist das etwas, was man nie wieder vergißt, wenn man es einmal erlebt hat. Es ist die Erfahrung, Kind zu sein; man fühlt sich wie ein Kind, das mit der Liebe eines Vaters gesegnet ist, der einen nicht mehr lieben könnte und niemals weniger lieben wird, egal, was man selbst tut.

Von diesem Augenblick an war ich in der Lage, alles als Gnade zu sehen. Ich konnte für all das dankbar sein, was Gott mir bereits geschenkt hatte. Ich konnte mich getrost und voller Freude auf den weiteren Lebensweg machen, wohl wissend, daß ich immer wieder stolpern und hinfallen würde. Aber dieses Wissen machte mir nicht mehr in der Weise zu schaffen wie vorher. Ich mußte mir den Kopf nicht mehr über mögliches Versagen zerbrechen, weil es nicht mehr darauf ankam, vollkommen zu sein. Alles, was zählte, war Gottes Liebe. Im Vergleich zu ihr war alles andere unbedeutend oder sogar unsinnig. Ich fühlte mich wie Paulus, wenn er schreibt:

Was mir damals ein Gewinn war, das habe ich um Christi willen als Verlust erkannt. Ja noch mehr: ich sehe alles als Verlust an, weil die Erkenntnis Christi Jesu, meines Herrn, alles übertrifft. Seinetwegen habe ich alles aufgegeben und halte es für Unrat, um Christus zu gewinnen und in ihm zu sein. Nicht meine eigene Gerechtigkeit suche ich, die aus dem Gesetz hervorgeht, sondern jene, die durch den Glauben an Christus kommt, die Gerechtigkeit, die Gott aufgrund des Glaubens schenkt. Christus will ich erkennen und die Macht seiner Auferstehung und die Gemeinschaft mit seinen Leiden; sein Tod soll mich prägen. So hoffe ich, auch zur Auferstehung von den Toten zu gelangen (Philipper 3, 7–11).

Das entspricht dem, was die Propheten bereits im Exil begriffen haben. Das ist es, was dem Autor des Ijobbuches und einigen anderen Schreibern der Weisheitsliteratur aufgegangen ist. Es ist ein Vorgeschmack auf die Erkenntnis der guten Nachricht in den Evangelien. Und dennoch gibt es bis heute viele Menschen, die das einfach nicht begreifen. Es gibt Christen, die niemals wirklich „evangelisiert" worden sind, die niemals wirklich diese gute Nachricht gehört haben. Sie halten Gott noch immer für einen himmlischen Polizisten, der über ihre guten und bösen Taten Statistik führt. Sie halten Religion für ein Spiel mit Geboten und Verboten und meinen, Aufgabe von Christen sei es, den Gesetzen Folge zu leisten und die vorgeschriebenen Rituale zu vollziehen. Kein Wunder, daß vielen Menschen die real existierende Religion eher wie eine schlechte Nachricht vorkommt!

Wer aber ist dieser Gott der Propheten und Weisen? Es ist ein Gott der Barmherzigkeit und der Güte, ein vergebender und liebender Gott. Jahwe liebt Israel, obwohl es sich – wie Hoseas Frau – mit anderen Göttern prostituiert. Jahwe bringt die Geduld auf, auf Israels Rückkehr zu warten; er wird Israel nicht untreu, obwohl Israel seine eigenen Versprechen bricht. Jahwe leidet, wenn Israel leidet. Er geht mit Israel ins Exil, damit ihn sein Volk dort in der Stunde der Not finden kann. Und Jahwe verspricht, Israel bei der Hand zu nehmen und heimzuführen, wenn die Verbannung zu Ende ist.

Das alttestamentliche Bild, das am treffendsten einfängt, was in Gottes Herz vor sich geht, ist das Bild des leidenden Knechtes. Im Jesajabuch finden sich vier Gottesknechtslieder, die erstmals jenen Ton anstimmen, der sich später zur Melodie ausweiten und schließlich zu einem der Leitmotive des Neuen Testaments werden soll: Der Gott, der sich von Anfang an offenbart hat, ist ein Liebhaber und ein Knecht. Es ist nicht nur unser Lebensziel, Gott zu erkennen, zu lieben und ihm zu dienen, wie es im alten Katechismus hieß, sondern es ist Gottes Herzensanliegen, *uns* zu kennen und zu lieben und *uns* zu dienen. Diese Erkenntnis ist tiefschürfender als jede Katechismusantwort. Das ist eine Offenbarung, die unglaublich ist. Diese Wahrheit ist so schwer zu begreifen, daß es Generation um Generation brauchte, um sie auch nur ein Stück weit zu ergründen.

Und doch wissen wir rückblickend, daß diese Behauptung stimmt. Weshalb hätte Gott das Universum erschaffen sollen – es sei denn aus Liebe? Gebraucht hat er es nicht! Warum hätte Gott die Sklaven befreien und ihnen ein Reich versprechen, warum hätte er einen Propheten nach dem anderen in ihre Mitte schicken sollen? Das konnte nur aus Liebe geschehen, aus einer Liebe, die geduldig ist, einen langen Atem hat und immer wieder vergibt. Diese Liebe ist vollständige Hingabe und Selbstaufopferung Gottes.

Welch eine verwirrende und überwältigende Offenbarung! Wenn wir davon in einem Augenblick geistlicher Hellsichtigkeit eine flüchtige Ahnung erhaschen, ist das eine umwerfende Erfahrung. Es scheint zu schön, um wahr zu sein, „Gnade in der Gnade in der Gnade", wie Thomas Merton sagt[2].

Menschlich gesehen ist es tatsächlich zu schön, um wahr zu sein. Deshalb hat die Menschheit Jahrhunderte

---

[2] *Anmerkung des Übersetzers:* Luthers „Turmerlebnis" ist der Durchbruch vom zweiten Stadium des Glaubens zum dritten. Es handelt sich um eine überwältigende Erfahrung der Gnade, die den Reformator augenblicklich von aller Werkgerechtigkeit erlöste.

und sogar Jahrtausende gebraucht, um das auch nur ansatzweise zu verstehen. Deshalb waren selbst die Propheten, als sie diese Wahrheit erstmals empfingen, gar nicht in der Lage, ihre Tragweite voll zu erfassen. Um damit einigermaßen zurechtzukommen, mußten sie das Ganze irgendwie jenseits von Raum und Zeit ansiedeln. Gott mußte, um Gott zu sein, völlig unterschieden werden von uns menschlichen Wesen: er wurde der ganz Andere, der absolut Transzendente.

Das Buch Hiob besteht darauf, daß Gott so völlig anders ist als wir und so jenseits von uns, daß wir angesichts seiner Majestät nur vor Ehrfurcht erbeben oder erstarren können. Und der Psalmist betont, daß Gottes Wege nicht unsere Wege sind.

Obwohl die Propheten so tief ins Geheimnis der Liebe Gottes vorgedrungen sind, war doch auch ihre Einsicht beschränkt. Sie lokalisierten Gott, wie gesagt, noch immer „dort draußen", außerhalb der menschlichen Lebenszusammenhänge und gleichsam in Distanz zu uns. Als die Propheten das endgültige Heil in den Blick bekamen, zeichneten sie das Bild eines Messias, der von weit her kommt, um die Bosheit der Welt zu überwinden und alles ins Lot zu rücken.

Auch wir leiden – selbst wenn wir prophetischen Glauben haben – mitunter unter derselben Kurzsichtigkeit. Wir fragen uns manchmal, warum Gott nicht eingreift und dafür sorgt, daß sich die Menschen richtig benehmen. Wir weigern uns oft zu sehen, daß Gott *uns* selbst die Macht anvertraut hat, die Welt zu erlösen. Wir denken häufig nicht daran, daß wir die wunderbaren Kinder eines wunderbaren und liebenden Gottes sind. Jawohl, es ist Gottes Liebe, es ist Gottes Macht, durch die wir und das ganze Menschengeschlecht erlöst werden können. Aber solange wir noch immer meinen, Gott würde dies alles von außen oder von oben tun, ohne daß wir uns von seiner Leidenschaft in aktive Mit-Leidenschaft ziehen lassen, haben wir noch keinen neutestamentlichen Glauben.

Allerdings können wir auch in die entgegengesetzte Falle tappen. Wir können meinen, daß Gott so weit von uns entfernt ist, daß wir die Rettung der Welt aus eigenen Kräften und ganz allein bewerkstelligen müssen. Dann denken wir vielleicht, daß Gott von uns fordert, seine Liebe zu imitieren, andere bedingungslos zu lieben, Unrecht zu erleiden, für diese oder jene Sache das Martyrium auf uns zu nehmen, Messiasse zu werden, die andere von ihren Sünden erlösen. Dieser Ansatz kann kurzfristig sogar gewisse Erfolge zeitigen; Menschen können aus eigener Kraft viel Gutes auf die Beine stellen. Aber irgendwann geht ihnen bei diesem Anspruch der Atem aus, denn die Kraft des menschlichen Willens hat Grenzen. Irgendwann ist die Liebe verbraucht, denn menschliche Geduld läßt sich nicht endlos strapazieren. Irgendwann verflüchtigt sich die Vision, denn menschlicher Durchblick ist immer kurzsichtig. Irgendwann bleibt auch der Glaube auf der Strecke, denn menschliche Überzeugungen sind niemals frei von Selbstzweifeln.

Deshalb muß es über den prophetischen Glauben hinaus, über den Glauben hinaus, daß Gott gut ist und uns bedingungslos liebt, noch einen tieferen Glauben geben. Diesen Glauben schildert die Bibel erst klar und deutlich, als es zur Offenbarung des Neuen Testaments kommt.

Inkarnatorischer Glaube

In den Evangelien, in der Apostelgeschichte und in den neutestamentlichen Briefen eröffnet sich nochmals eine ganz neue Dimension des Glaubens, wenn wir uns darauf einlassen. (Wir werden das noch tiefer sehen im zweiten

Band, der sich mit dem Neuen Testament befaßt.) Es handelt sich abermals um eine qualitativ neue Phase des Lebens mit Gott. Sie klingt in einigen Prophezeiungen Jeremias und Ezechiels bereits an und wird am deutlichsten vom Propheten Joel ausgesprochen:

Danach aber wird es geschehen, daß ich meinen Geist ausgieße über alles Fleisch. Eure Söhne und Töchter werden Propheten sein, eure Alten werden Träume haben, und eure jungen Männer haben Visionen. Auch über Knechte und Mägde werde ich meinen Geist ausgießen in jenen Tagen (Joel 3, 1–2).

Uns fällt dabei sofort ein, wie der Geist nach der Taufe Jesu im Jordan auf ihn herabkommt, und wir erinnern uns auch daran, wie der Geist an Pfingsten die Apostel mit neuer Kraft erfüllt. Aber die allererste Person, in der dieser neue Glaube Gestalt annahm, war jenes junge Mädchen, das sagte: „Ich bin die Magd des Herrn". Maria war es, die auf die Ankündigung des Engels, sie solle den Messias gebären, mit einem bedingungslosen Ja reagierte: „Mir geschehe, wie du es gesagt hast" (Lukas 1, 38).

Das letzte Stadium des Glaubens, zu dem Gott uns ruft, ist ein ganzes und vorbehaltloses Ja zu seinem Wunsch, *durch uns* in der Welt und für die Welt da zu sein. Er sehnt sich danach, andere Menschen durch uns bedingungslos zu lieben. Er möchte, daß sich die vollständige Erlösung der Menschheit in jeder und jedem von uns ereignet, damit durch uns das Heil der Welt vollendet werden kann!

Wer in diesem Glaubensstadium lebt, trägt den Namen „Werkzeug Gottes" mit Recht. Gott möchte, daß sein Licht durch uns scheint; deshalb muß unsere erste Reaktion auf seinen Ruf darin bestehen, daß wir ihn zunächst überhaupt einmal beachten und für seine Gnade offen sind. Wir müssen durchlässig werden für Gott, bis er durch uns scheinen kann. Wir müssen den Kanal offen halten, damit das Licht durch uns in die Welt kommen kann.

Maria ist die erste Gestalt der Bibel, die das wirklich verstanden hat. Sie gab Gott ihr Ja-Wort; ihr Ruhm besteht darin, daß Gott durch ihre völlige Offenheit fähig war, sich in ihr zu verkörpern. Sie brachte Christus zur Welt, weil sie ganz und gar offen für den Geist war; so offen, daß das Kind, das sie gebar, wirklich der Sohn Gottes sein konnte. Gott liebte die Welt durch Jesus: Gott verkündete seine Heilsbotschaft durch die Worte Jesu, und die Kraft Gottes manifestierte sich in seinen Taten.

Als das Wort durch Marias vorbehaltlose Offenheit Fleisch wurde, formte Gott in ihr einen Körper, der zur Auferstehung und zum ewigen Leben gelangen konnte. Jesus war dem Vater, der die Quelle seines Seins war, so nah, daß er ihn Abba nannte. Das ist ein Ausdruck großer Zärtlichkeit und Intimität wie etwa „Papa" oder „Vati" in unserer Sprache. Jesus war für Gottes Führung so offen, daß er ihr auch noch folgte, als Konflikt, Leiden und Sterben unausweichlich wurden. Er blieb offen, weil er darauf vertraute, daß Gott ihn nicht im Stich lassen würde.

Aber die Fleischwerdung Gottes in der Welt endete nicht mit dem Tod und der Auferstehung Jesu. Gott ging noch einen Schritt weiter und schuf einen neuen Leib, der von seinem Geist beseelt, zur Auferstehung bestimmt und mit ewigem Leben erfüllt war. Seine Erschaffung begann am Pfingsttag, und dieser Leib wuchs durch jene Menschen weiter, die durch die Taufe Anteil an ihm hatten. Sein Innenleben wurde vom Heiligen Geist bestimmt, und seine Aufgabe nach außen bestand darin, das Werk Jesu fortzusetzen. Es war jener Leib Christi, den wir die Kirche nennen.

Die Berufung der Kirche wie auch die Berufung jedes einzelnen Christenmenschen ist es, lebendiger Leib Christi in der Geschichte zu sein. Die Funktion der Kirche ist es, Augen und Ohren, Mund und Hände Gottes in der Welt zu sein, ein Leib zu sein, durch den die Macht der göttlichen Liebe die Welt verwandeln kann. Diese Berufung fordert uns heraus, auf der tiefsten Ebene jenes Glaubens zu leben, der Gottes Gegenwart und Gottes Handeln in der menschlichen Geschichte verwirklicht. Es ist die Berufung, uns selbst zu lieben und jeden Menschen, dem wir begegnen; die Berufung, selbst verwandelt zu werden und jede Situation mit Hilfe jener göttlichen Liebe zu verwandeln, die uns durchströmt[3].

Wenn wir die Kirche um uns her betrachten, sehen wir freilich kein gesellschaftliches Gefüge, in dem sich alle liebhaben. Wir erleben keine Ansammlung von Menschen, die von Gottes Liebe erfüllt sind und die Welt so lieben, daß sie sich um der Welt und ihres Heils willen

---

[3] *Anmerkung des Übersetzers:* Luther hat diese vierte Phase des Glaubens wohl nicht wirklich verstanden, obwohl auch er mitunter davon reden konnte, daß Menschen einander „zum Christus" werden sollen. Ein Nachfolge- oder Nachahmungschristentum etwa eines Franz von Assisi lehnte Luther ab. Auch Versuche der konkreten Christusnachfolge, wie sie Teile der Täuferbewegung unternahmen, wurden von reformatorischer Seite oft vorschnell als „Schwärmerei" abgetan. Erinnerte doch die Betonung der Aktion und des gelebten Evangeliums auf den ersten Blick fatal an jene Werkgerechtigkeit, die man gerade überwunden hatte. Der einzige protestantische Theologe, der den vierten Schritt des Glaubens durchdacht und bis zum Martyrium selbst durchlebt hat, war Dietrich Bonhoeffer. Schon früh redete er davon, daß Christus auch „als Gemeinde" existiert. Er warnte vor der „billigen Gnade" (Steckenbleiben in der dritten Phase!), die ohne gelebte Nachfolge bleibt. In seinem späten Gefängnisgedicht „Christen und Heiden" sieht er den Unterschied zwischen Christen und Heiden gerade nicht in der Liebe und im Beistand Gottes, die ihnen unterschiedlos gelten (er „vergibt ihnen beiden"), sondern darin: „Christen stehen bei Gott in Seinen Leiden". In: Widerstand und Ergebung, Gütersloh [13]1985, 182.

völlig aufgeben[4]. Wir sehen nicht viele, die Gott völlig vertrauen, die geben, ohne etwas zurückzuerwarten, die verwundbar sind und bereit, ihr Leben für andere in der Weise hinzugeben, wie es der leidende Knecht tat.

Die Berufung der Kirche heißt völlige Hingabe: Hingabe an Gott, an andere und an die Welt. Aber die Christen sind nicht dazu berufen, das in heroischer Einsamkeit zu tun, sondern in Gott vereint, als Leib Christi. Wo Liebe gegeben und empfangen wird, wo man das Leben miteinander teilt, wo Wunden geheilt und das Schwache gestärkt wird, da wachsen Gottes Möglichkeiten, durch uns zu lieben und zu handeln. Gott kann durch die Kirche kraftvoll handeln, weil seine Liebe in einer Gemeinschaft von Menschen vervielfältigt wird, die sich selbst loslassen.

Wenn wir diese Art von lebendiger Kirche doch einmal erleben, wissen wir, daß das alles nicht unser eigenes Werk ist. Wenn wir zusammen beten, betet Gottes Geist durch uns und führt uns zu intimer Nähe mit dem Vater. Wenn wir als ein Leib handeln, handelt Gottes Kraft durch uns und macht das möglich, was wir selbst niemals zustande brächten. Gott liebt durch uns; er hofft durch uns; er glaubt sogar durch uns. Das ist nur eine andere Weise auszudrücken, daß Gott uns mit den Gaben von Glaube, Hoffnung und Liebe sich selbst und sein Leben schenkt. Deshalb ist alles Geschenk; alles ist Gnade. Wenn wir uns für diese Gaben öffnen, werden wir Kanäle der Liebe Gottes.

Selbst wenn wir leider nicht viele Kirchen finden, die ihre christliche Berufung in ganzer Fülle leben, und selbst

---

[4] *Anmerkung des Übersetzers:* Dietrich Bonhoeffer hat der Kirche das Recht bestritten, sich um ihre Selbsterhaltung zu sorgen und dafür zu kämpfen: „Kirche ist nur Kirche, wenn sie für andere da ist". Während des Dritten Reiches hätte das für die Kirche vor allem bedeutet, für die Juden zu einzutreten, die mundtot gemacht worden waren: „Nur wer für die Juden schreit, darf gregorianisch singen."

wenn wir nicht viele Einzelpersönlichkeiten kennen, die bereitwillig und ohne Wenn und Aber auf Gottes Ruf antworten, wissen wir, daß solch ein Leben möglich ist. Wir wissen es durch Gemeinschaften, die in der Welt existiert haben und noch existieren, wir wissen es durch die Heiligen, die vergangenen und die gegenwärtigen. Zwei Heilige, die dieses vierte Glaubensstadium für uns beispielhaft darstellen können, sind der heilige Franz von Assisi und die heilige Therese von Lisieux.

Franziskus war von Jugend auf geradezu stürmisch hingabebereit. Als junger Mann hörte er Gottes Ruf zur Selbsthingabe und reagierte darauf zunächst dadurch, daß er sich ins Soldatenleben stürzte. Aber als er, anstatt Ruhm zu erlangen, gefangengenommen und ins Gefängnis geworfen wurde, hörte er noch aufmerksamer hin, um herauszubekommen, was Gott wirklich von ihm wollte. Er hörte diesmal, daß Gott ihn rief, die Kirche wiederaufzubauen. Ohne einen Augenblick zu zögern begann er, die zerfallene Kapelle zu reparieren, in der er gerne betete. Als er später den Ruf des Evangeliums zur Armut meditierte, verwarf er den Reichtum seines Vaters und begann fröhlich zu betteln, weil er voll und ganz darauf vertraute, daß Gott sich all seiner Bedürfnisse annehmen würde.

Schließlich wurde sein demütiges Leben in völligem Gottvertrauen für eine wachsende Anzahl von Männern und Frauen so attraktiv, daß sie an dem Leben mit Gott Anteil haben wollten, das Franziskus begonnen hatte. Dadurch, daß sie sich ihrem gemeinsamen Glaubensleben vorbehaltlos öffneten, begann die Erneuerung und Wiederherstellung der gesamten mittelalterlichen Kirche. Franz wollte nichts sein als ein Kanal und Werkzeug Gottes. Durch seine Bereitschaft, dieses Werkzeug zu sein, konnte Gott mehr vollbringen, als es sich Franz selbst jemals hätte träumen lassen.

Auch die heilige Therese ist ein Bilderbuchbeispiel für

diese Art des Glaubens. Sie sagte, sie hätte sich in ihrer Beziehung zu Gott immer als kleines Mädchen gesehen. Als sie Gottes Ruf erstmals hörte, fühlte sie sich wie ein Kind, das unten an einem Treppenabsatz steht, und den Vater sieht, der ihr von oben mit ausgebreiteten Armen zunickt. „Komm, Therese, komm!" rief er. Aus dem Wunsch heraus, ihm zu gefallen, hob sie erst den einen ihrer kleinen Füße und dann den anderen, während sie den Blick ganz auf sein Lächeln richtete. Als sie schließlich fast oben war, beugte er sich herab und nahm sie in die Arme. In einem überwältigenden Augenblick der Gnade drückte Gott sie an sich. Aber als sie aus der Sicherheit seiner Arme nach unten blickte und merkte, welche Distanz sie überwunden hatte, wurde ihr klar, daß Gott es gewesen war, der ihr die Kraft gegeben hatte, die Stufen zu erklimmen. Die Liebe des Vaters hatte sie begeistert und ihr den Weg gewiesen. Und obwohl sie ihr Teil beitrug, indem sie bei jedem Schritt ihr eigenes Ja sagte, hatte Gott von Anfang bis Schluß das eigentliche getan. Sie hatte sich nicht selbst erlöst, aber sie hatte Gott erlaubt, sie zu erlösen.

Unsere Glaubensschritte sollten denen des Franziskus und der Therese ähneln. Durch das Gebet kommen wir mit Gottes Stimme in Einklang, die uns ruft, seinen Willen zu tun und eins zu werden mit ihm. Durch konkrete Entscheidungen und Taten suchen wir nach seiner Zielrichtung für uns. Ganz egal, was wir tun: wir wissen, daß die Richtung stimmt, wenn sie uns zu größerer Liebe, größerer Hingabe und größerer Freiheit führt. Wir müssen keine Angst davor haben, Fehler zu machen, denn Gott wird uns korrigieren, wenn wir weiterhin hören. Wir müssen keine Angst davor haben, zu stolpern oder hinzufallen, denn er wird augenblicklich zur Stelle sein, um uns aufzufangen.

Das Leben in diesem Stadium des Glaubens ist unglaublich einfach, geradezu naiv. Uns ist klar, daß Gott nichts

Großes von uns verlangt; er will nur selbst groß sein in uns. Wenn wir das zulassen, wird Gott tatsächlich große Dinge durch uns tun. Aber wir selbst müssen nicht nachhelfen, daß das passiert. Wir brauchen nur loszulassen und bei jedem Schritt Vertrauen zu haben. Wir brauchen nur in jedem Augenblick auf ihn zu hoffen. Wir brauchen uns nur an sein Versprechen zu halten und darauf zu warten, daß er es in unserem Leben einlöst. Bis es soweit ist, geht es darum, daß wir unsere Entscheidungen so treffen, daß sie bereits mit Gottes Verheißung so weit wie möglich im Einklang stehen.

Wie wir bereits zu Beginn dieses Abschnitts bemerkt haben, war Maria die Frau, die das als erste ganz begriffen hat, und die das Wort Gottes in sich einließ. Durch ihr Ja nahm Gott Fleisch an und verkörperte sich auf einzigartige Weise. Maria lebte das Leben des Glaubens in seiner ganzen Fülle. Sie fügte dem Glauben eine neue Nuance hinzu, die über das hinausging, was Glaube für Abraham, für die Israeliten und für die Propheten bedeutet hatte. Sie lebte vor, was Glaube für Christen bedeutet.

Maria lebte am Schnittpunkt zwischen dem Alten und dem Neuen Testament und trug zum Übergang vom einen zum anderen bei. Als Mutter Christi lebte sie vor, was in aller Zukunft christliche Spiritualität sein würde. Aber als jüdisches Mädchen steht sie zugleich für das, was die Spiritualität Israels schon immer war oder hätte sein sollen. Das Magnifikat, Marias Gotteslob für alles, was er in ihr und durch sie getan hat, faßt die ganze Bedeutung des Alten Testaments zu Beginn des Neuen noch einmal zusammen:

Meine Seele preist die Größe des Herrn,
    und mein Geist jubelt über Gott, meinen Retter.
Denn auf die Niedrigkeit seiner Magd
    hat er geschaut.

Siehe, von nun an preisen mich selig alle Geschlechter.
Denn der Mächtige hat Großes an mir getan,
    und sein Name ist heilig.
Er erbarmt sich von Geschlecht zu Geschlecht
    über alle, die ihn fürchten.
Er vollbringt mit seinem Arm machtvolle Taten:
er zerstreut, die im Herzen voll Hochmut sind;
er stürzt die Mächtigen vom Thron
    und erhöht die Niedrigen.
Die Hungernden beschenkt er mit seinen Gaben
    und läßt die Reichen leer ausgehen.
Er nimmt sich seines Knechtes Israel an
und denkt an sein Erbarmen,
    das er unsern Vätern verheißen hat,
Abraham und seinen Nachkommen auf ewig (Lukas
1, 46–55).

Als Mensch des Glaubens ist Maria ganz und gar Gott zugewandt. Sie weiß in ihrem Innersten, daß Gott ihr Heiland ist; sie gibt sich nicht der Illusion hin, sie könnte sich selbst erlösen. Sie lobt den Herrn und dankt ihm, weil sie weiß, daß er es ist, der alles tut.

Gleichzeitig aber wird sich Maria einer neuen inneren Größe bewußt. Sie bekommt ein Gespür für die ungeheure Würde, die sie dadurch bekommt, daß Gott in ihr ist. Auch wir entdecken im Glauben mehr und mehr, daß Gott in uns ist und durch uns wirkt, und das gibt auch uns ungeheure und echte Größe. Nicht daß wir selbst irgend etwas Großartiges vollbringen – aber wir erlauben Gott, mit unserem Leben etwas Großartiges zu machen.

Wenn wir mit Ehrfurcht und Staunen vor den Gott treten, der uns beisteht (das ist die wahre Bedeutung des mißverständlichen Begriffs „Gottesfurcht"), dann lassen wir zu, daß seine Kraft durch uns wirksam wird. Wenn wir das tun, können wir miterleben, wie die Stolzen und

Mächtigen auf ihre wahre Größe zusammenschrumpfen, und wir werden Zeugen davon, wie die Erniedrigten und Schwachen wachsen und nach oben kommen. Die Armen werden satt, die Reichen bekommen nichts. Das ist das genaue Gegenteil von dem, was normalerweise in der Welt passiert, weil die Welt ihre eigene vermeintliche Stärke protegiert und ihren eigenen Reichtum anbetet. Diejenigen, die bereits von sich selbst ausgefüllt sind, können nicht empfangen, was Gott zu geben hat; nur diejenigen, die leer sind, können erfüllt werden.

So geht hier – am Ende des Alten Testaments und an der Schwelle zum Neuen – Gottes Verheißung an Abraham in Erfüllung. Endlich hat sich menschlicher Glaube bis zu dem Punkt entfaltet, wo Gottes Handeln in der menschlichen Geschichte anfangen kann, als das erkannt zu werden, was es ist: die handelnde Kraft des Geistes Gottes, die Welt zu verwandeln und zu erlösen – und zwar durch das Handeln derjenigen, die ihr Leben Gottes Reich zur Verfügung stellen. Endlich geht die Treue Gottes ganz in die menschliche Geschichte ein – durch die Treue derer, die vertrauen und vergeben. Endlich kann Gottes Barmherzigkeit allen erwiesen werden, die sie brauchen – durch die Barmherzigkeit derer, die bereit sind, Gottes Mägde und Knechte zu sein.

Das Ende des Alten Testaments ist nicht das Ende der Heiligen Schrift. Es ist nicht das Ende der Treue und Barmherzigkeit Gottes, aber es ist das Ende des Anfangs der Geschichte. Das Alte Testament führt uns an jenen Punkt, wo die Geschichte Jesu beginnen kann.

Der zweite (neutestamentliche) Band dieser Bibelkunde wird sich mit der Geschichte Jesu, mit der Geschichte seines Geistes und seiner Kirche befassen.

Die Bibel braucht jeder – aber die richtige muß es sein
Bibel-Ausgaben und Bücher zur Bibel

Neue Jerusalemer Bibel
Einheitsübersetzung. Mit dem Kommentar der
Jerusalemer Bibel

4. Auflage, 1900 Seiten, mit einem vierseitigen, farbigen
Kartenanhang, gebunden in Schuber.
ISBN 3-451-20002-3

In bibliophiler Lederausgabe: gebunden in Kassette.
ISBN 3-451-21139-4

„Die Neue Jerusalemer Bibel enthält in kurzer Form, was
für ein tieferes Bibelverständnis notwendig ist, um nicht
dem Fundamentalismus und einem willkürlichen Subjek-
tivismus zu verfallen. Wer nicht die Mühe scheut, sich in
dieses Buch einzulesen, seine Stellenverweise nachzuschla-
gen und die Zeichen zu beachten, dem ist es eine Bibliothek soliden biblischen Wissens" (Bibel und Liturgie).

Die Bibel
Einheitsübersetzung. Altes und Neues Testament

1464 Seiten, Dünndruck, Paperback,
ISBN 3-451-19998-X.
Gebunden, ISBN 3-451-18988-7.
Leder/Goldschnitt, ISBN 3-451-19999-8

„Diese Ausgabe des Alten und Neuen Testaments in
einem Band ist nicht nur besonders preiswert. Das Buch
ist handlich, gut zu lesen, praktisch erschlossen durch
Einleitung, Anmerkungen, Querverweise, Zeittafeln, Re-
gister und Karten. Für den Religionsunterricht, Bibel-
kreise, das gemeinsame Schriftgespräch und die persönliche Schriftlesung" (Aachener Volkszeitung).

Verlag Herder Freiburg · Basel · Wien

Faszinierende Welt der Bibel
Von Menschen und Schicksalen, Schauplätzen
und Ereignissen

2. Auflage, 200 Seiten mit vielen Fotos, Illustrationen
und Karten, gebunden. ISBN 3-451-21131-9

Ein fesselndes Sachbuch, das die großen Ereignisse der
Bibel zum Leben erweckt.

Herders großer Bibelatlas

256 Seiten, über 600 farbige Karten und Abbildungen,
gebunden. ISBN 3-451-21275-7

„Dieses Werk ersetzt eine kleine Bibliothek" (Bibel und
Kirche).

Praktisches Bibellexikon
Unter Mitarbeit katholischer und
evangelischer Theologen
herausgegeben von Anton Grabner-Haider

9. Auflage, 696 Seiten, Paperback. ISBN 3-451-14819-6

Ein bewährtes Arbeitsbuch, das über biblische Realien so-
wie über formgeschichtliche, religionsgeschichtliche und
bibeltheologische Begriffe informiert.

Verlag Herder Freiburg · Basel · Wien